一起向未来

TOGETHER FOR A SHARED FUTURE

2022，中国的冬奥记忆

李健 编

北京出版集团
北京出版社

图书在版编目（CIP）数据

一起向未来：2022，中国的冬奥记忆 / 李健编. —北京：北京出版社，2024.2
ISBN 978-7-200-18533-1

Ⅰ.①一… Ⅱ.①李… Ⅲ.①冬季奥运会—北京—画册 Ⅳ.①G811.212-64

中国国家版本馆CIP数据核字（2024）第030712号

出 版 人　张爱军
项目策划　王曷灵
责任编辑　宋佩谦
责任印制　陈冬梅
封面设计　吕丽梅

一起向未来
2022，中国的冬奥记忆
YIQI XIANG WEILAI
李健　编

*

北 京 出 版 集 团　出版
北 京 出 版 社

（北京北三环中路6号）
邮政编码：100120

网　址：www.bph.com.cn
北京出版集团总发行
新 华 书 店 经 销
北京华联印刷有限公司印刷

*

787毫米×1092毫米　16开本　13.5印张　80千字
2024年2月第1版　2024年2月第1次印刷
ISBN 978-7-200-18533-1
定价：198.00元
如有印装质量问题，由本社负责调换
质量监督电话：010-58572393
编辑部电话：010-58572414；发行部电话：010-58572371

前言

Preface

从 2008 年到 2022 年,从"同一个世界,同一个梦想"到"一起向未来",从"福娃"到"冰墩墩""雪容融",北京,用短短的 14 年时间,成为世界上第一个"双奥之城"。中国,成为第一个实现奥运"全满贯"(先后举办奥运会、残奥会、青奥会、冬奥会、冬残奥会)的国家。这是体育的盛事,是民族的振兴,是国家的富强;是激情与激情的碰撞,是梦想与梦想的交汇。

当激情与梦想随着每一片雪花降落于北京、降落于张家口时,那山舞银蛇、原驰蜡象的冰雪疆场;那翩若惊鸿、婉若游龙,在山间飞驰的运动健儿;那白雪皑皑间一道道矫健飒爽的英姿;那凝固在半空、铭刻在时间中的精彩瞬间见证着荣光和梦想、激情与青春,宣扬着永不凋谢的奋斗和力量。

法国摄影家亨利·卡蒂埃-布列松提炼总结的"决定性瞬间"把摄影区别于其他艺术的本质属性之一瞬间性做了充分的提炼和升华,瞬间并不是短短的几分之一秒内所抓取的事物,而是这一瞬间,主客观完美相遇,具有决定性意义的因素与恰到好处的光线、构图完美结合,那些可遇不可求的瞬间成为摄影人所追求的"奇遇"。

摄影师们所抓取的让人留存于心、感动于怀的冬奥精彩瞬间,便是这么一场可遇不可求的"奇遇"。于时间流和动作曲线中经摄影师富有洞见的预判、独特的视角和娴熟高超的技艺所抓取定格的片段,是绝对精彩的决定性瞬间。

在那神奇的一刻，摄影师作为拍摄主体，调动所有的经验和直觉，来感受拍摄对象无数动作出现时那最动人、最震撼、最有冲击力的那一瞬，那主客观刹那的完美交汇和融合，便定格了体育的力与美。它展现出运动员顽强拼搏，不断挑战极限、超越自我的精神，这种体育精神更是全人类积极向上、不断进取的精神。同时，它也要表现一种情感力量，当赛场上奏国歌、升国旗的时候，运动员眼角的泪水，不是个人的，更是民族的、国家的。这种爱国主义精神和人类精神融合在一起的时候，便具有了打动人心的力量和永恒的生命力。

冬奥梦交汇中国梦，冬奥精神辉映中国精神。北京联合张家口成功举办的冬奥会、冬残奥会是所有中国人的骄傲和自豪，展示了新时代中国自信、包容、开放的大国气象。《一起向未来——2022，中国的冬奥记忆》这本画册，精选了2022年冬奥会和冬残奥会有关的精彩瞬间，有开闭幕式的华丽篇章，有运动员飞起半空回旋的耀眼刹那，有夺冠之后亲吻大地的感人时刻，有筹备工作的点点滴滴，有"三亿人参与冰雪运动"的温馨时刻，内容全面丰富。从浩瀚的图片中精选出的这些摄影作品，无不体现了主客观完美相遇的神奇瞬间，体现了体育精神、民族精神和人类精神。2022年的北京冬奥会、冬残奥会已经结束，但它带给我们的精神力量将长久地激励着我们，伴随着我们，使我们坚定地走向并创造更加美好的未来。

阳丽君（《中国摄影家》杂志社社长兼主编）

目录

Contents

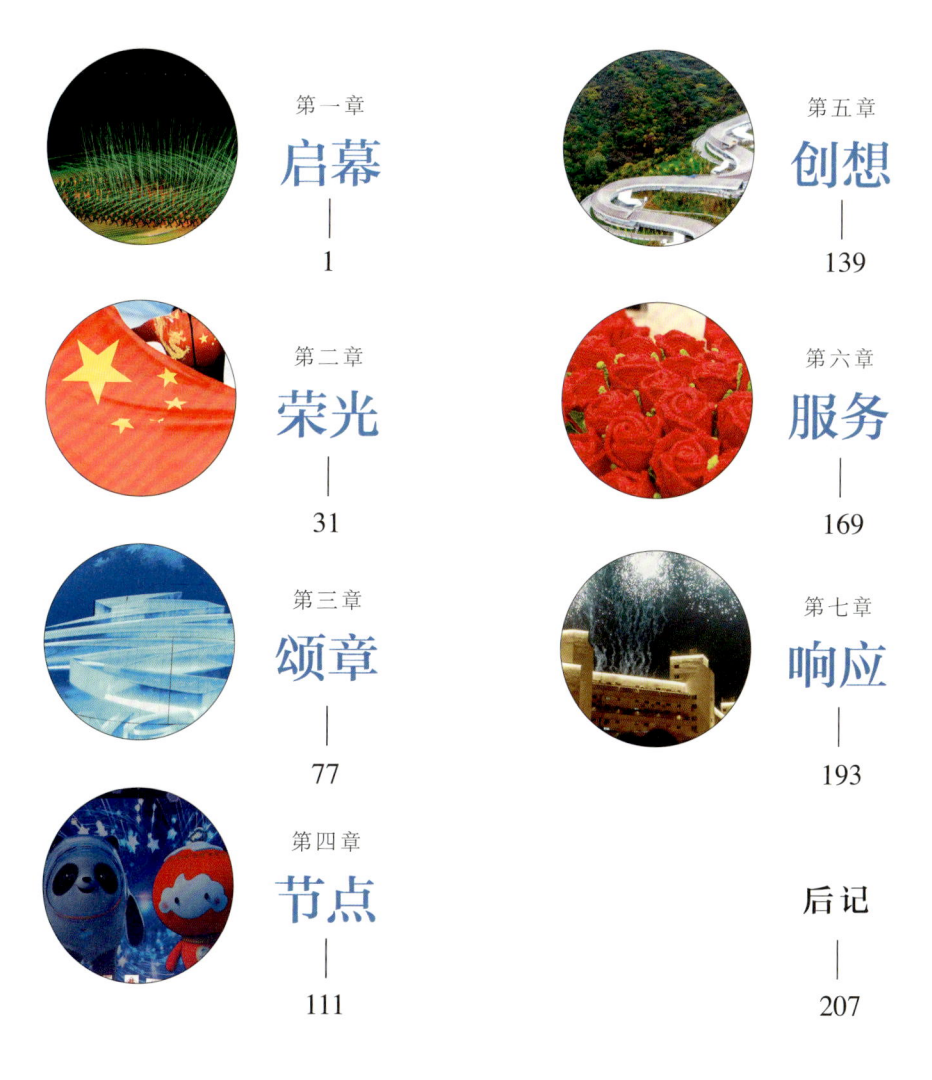

第一章
启幕
1

第二章
荣光
31

第三章
颂章
77

第四章
节点
111

第五章
创想
139

第六章
服务
169

第七章
响应
193

后记
207

一 起 向 未 来

——2022，中国的冬奥记忆

Together for a Shared Future

第一章

启幕

Opening Ceremony

冬奥会倒计时表演

2022年2月4日晚,第二十四届冬季奥林匹克运动会开幕式在国家体育场举行。图为倒计时表演。(图/崔楠/CNSPHOTO)

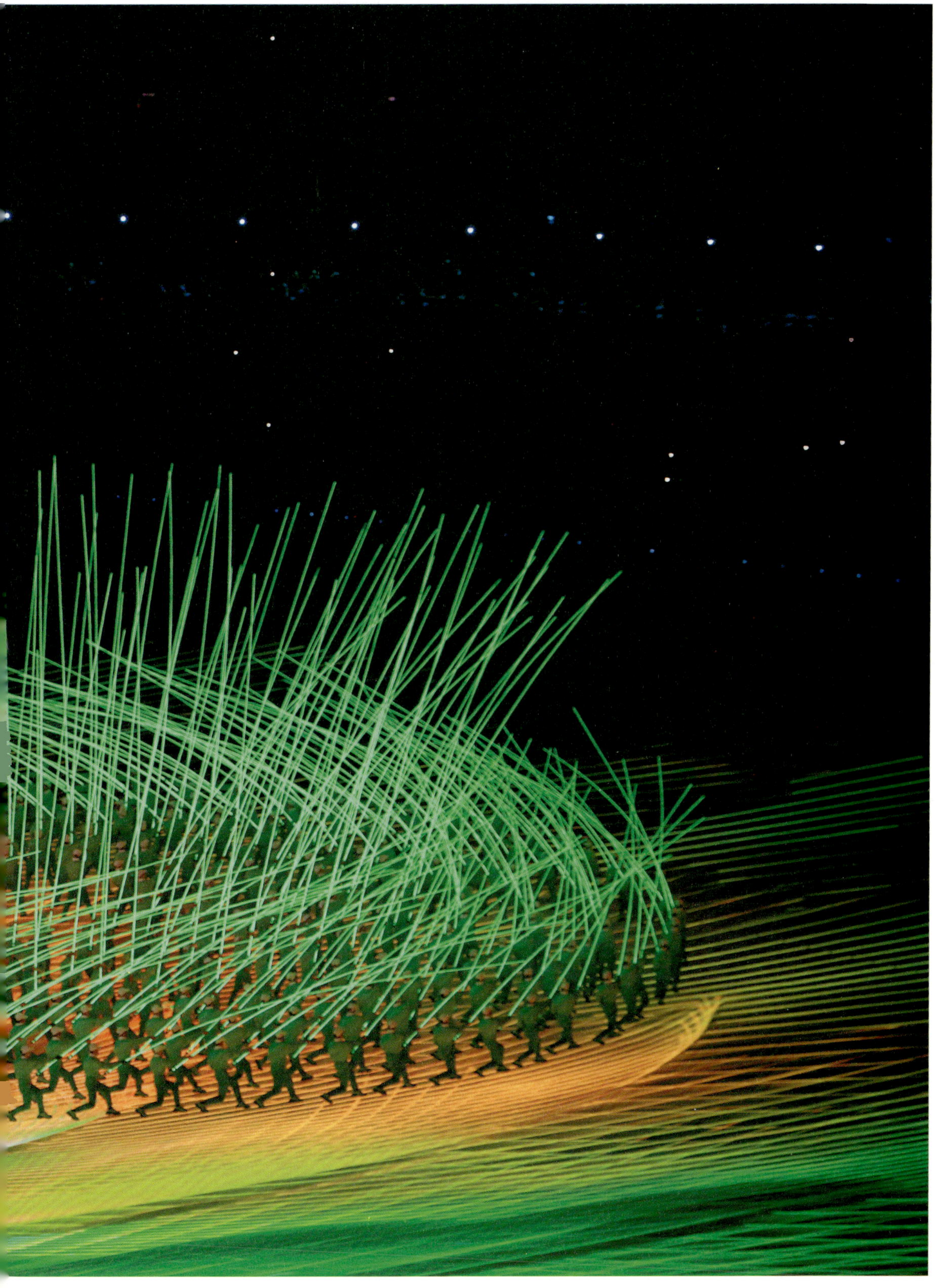

奥林匹克会旗入场

2022年2月4日晚,第二十四届冬季奥林匹克运动会开幕式在国家体育场举行。图为奥林匹克会旗入场。(图 / 毛建军 /CNSPHOTO)

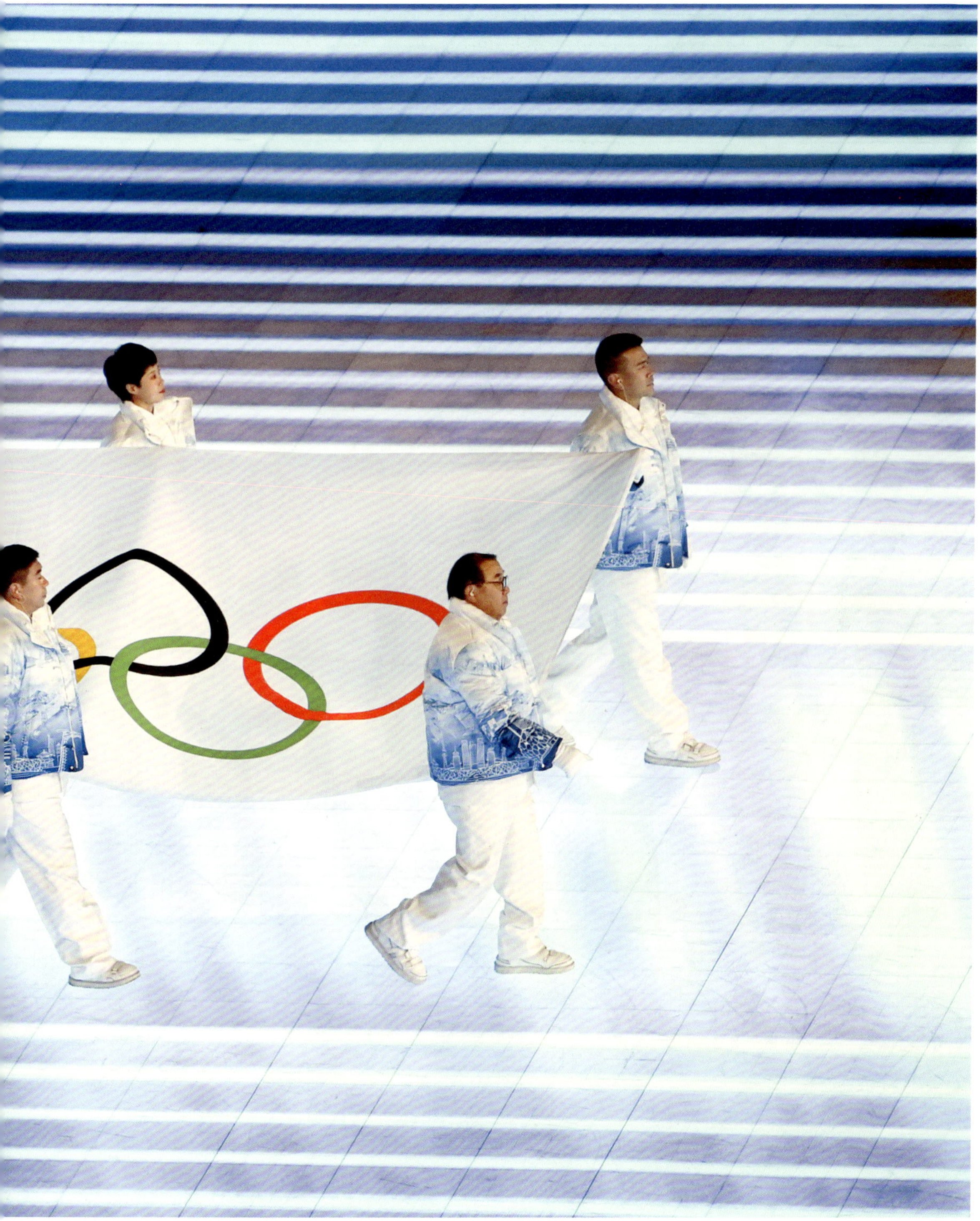

中华人民共和国国旗入场

2022年2月4日晚,第二十四届冬季奥林匹克运动会开幕式在国家体育场举行。图为中华人民共和国国旗入场。(图/毛建军/CNSPHOTO)

第一章 启幕

冬奥会中国代表团入场

2022年2月4日晚，第二十四届冬季奥林匹克运动会开幕式在国家体育场举行。图为中国代表团入场。（图/毛建军/CNSPHOTO）

第一章 启幕

冬奥会开幕式表演

2022 年 2 月 4 日晚，第二十四届冬季奥林匹克运动会开幕式在国家体育场举行。图为开幕式表演。（图 / 毛建军 /CNSPHOTO）

第一章 启幕

冬奥会开幕式表演

2022年2月4日晚，第二十四届冬季奥林匹克运动会开幕式在国家体育场举行。图为"冰雪五环"环节的巨型冰立方，随后奥运五环将破冰而出，冉冉升起。（图／崔楠/CNSPHOTO）

第一章 启幕

14　一起向未来

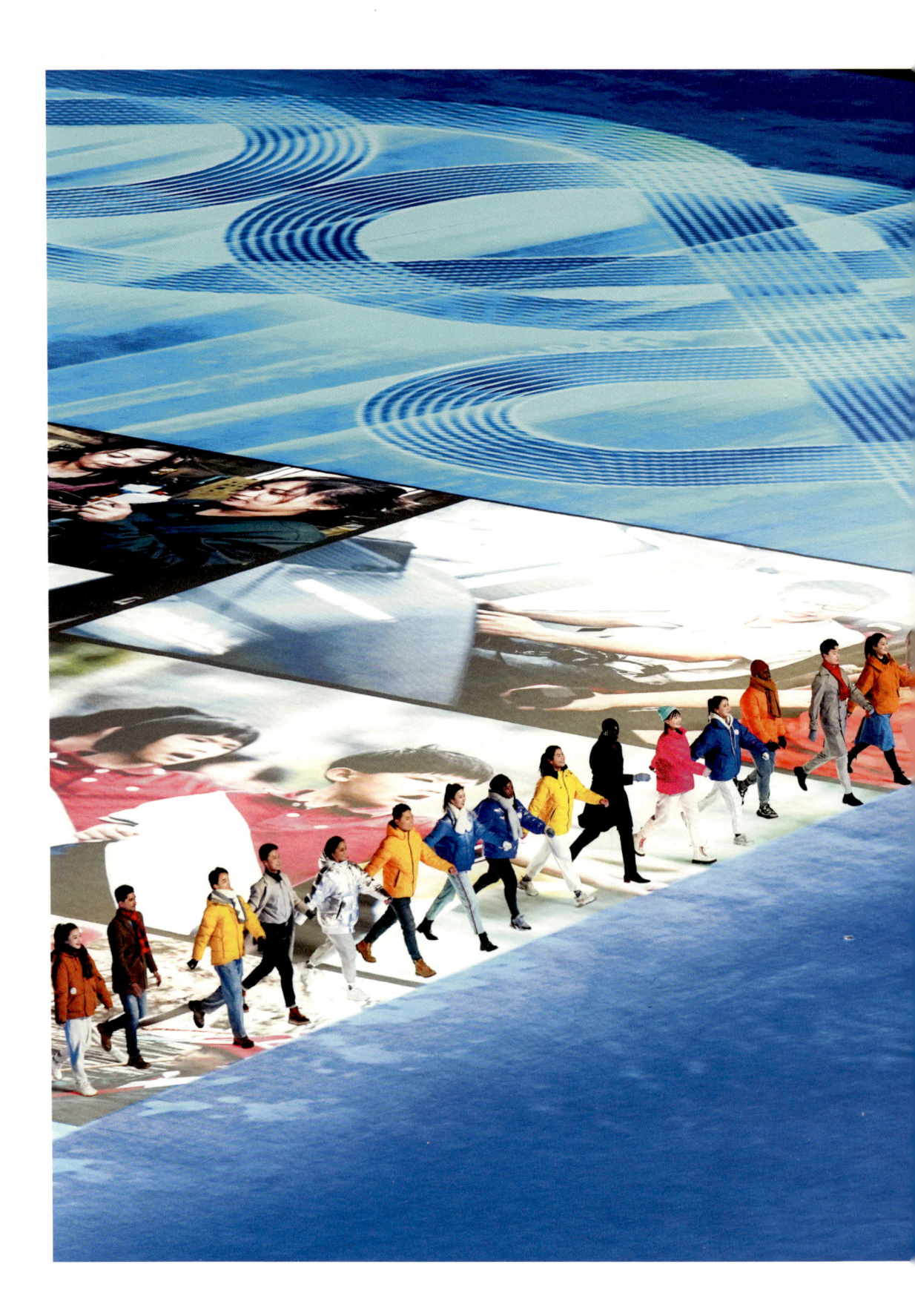

各国青年携手展开新画卷

2022年2月4日晚，第二十四届冬季奥林匹克运动会开幕式在国家体育场举行。图为各国青年携手展开新画卷。（图／崔楠/CNSPHOTO）

最后一棒火炬

2022年2月4日晚,第二十四届冬季奥林匹克运动会开幕式在国家体育场举行。图为中国女子越野滑雪运动员迪妮格尔·依拉木江和北欧两项运动员赵嘉文将最后一棒火炬留在"大雪花"中心。(图/毛建军/CNSPHOTO)

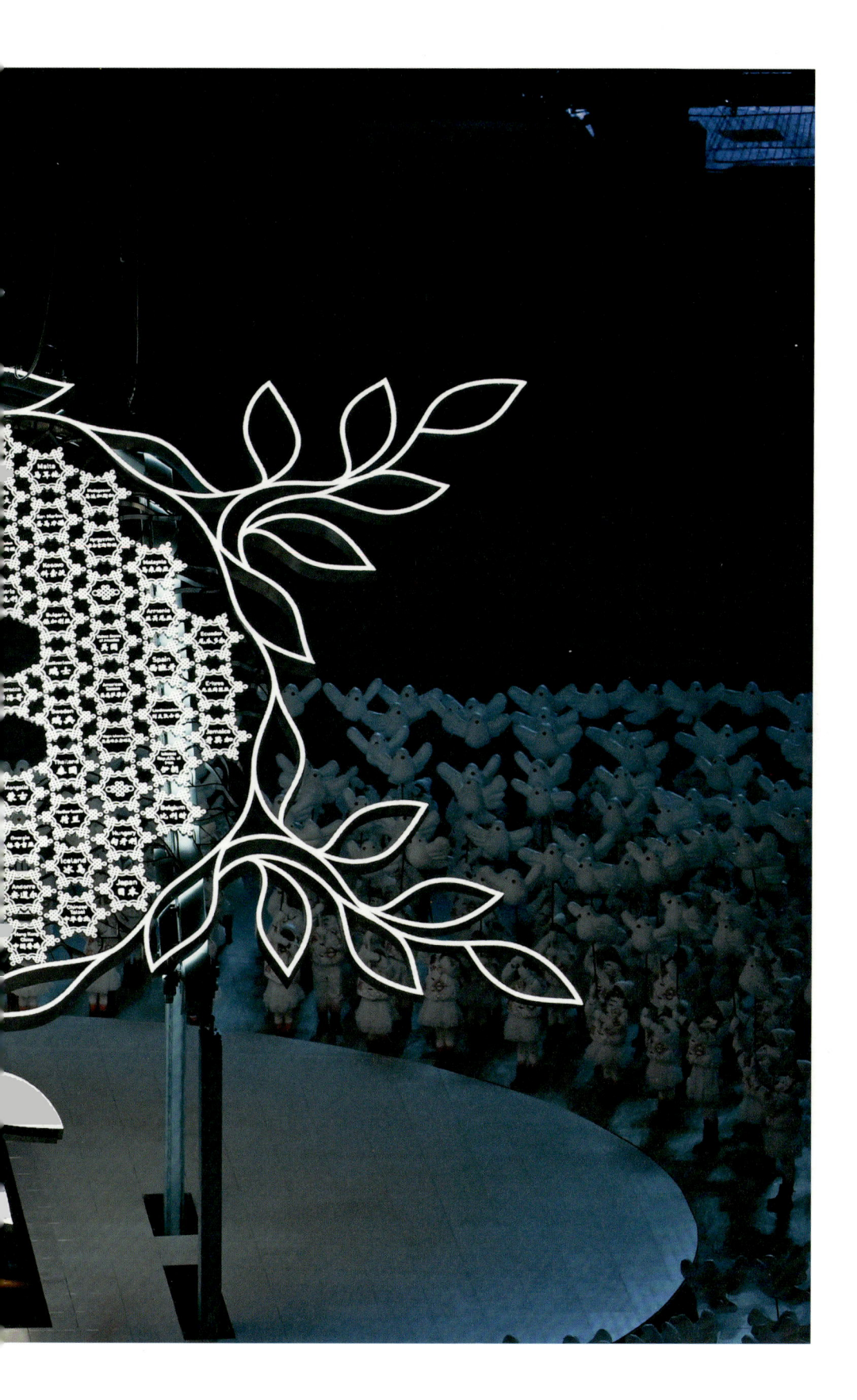

第一章 启幕

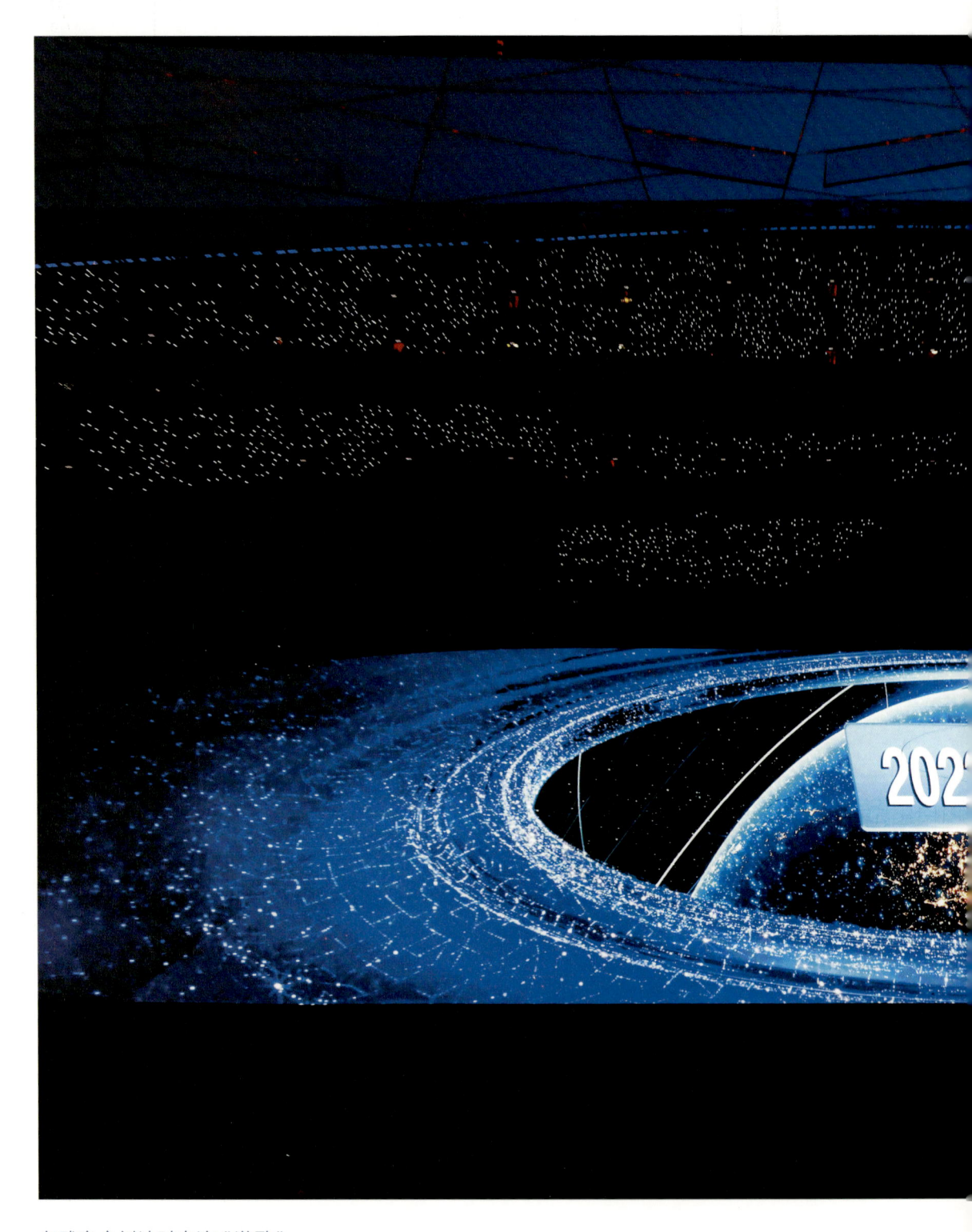

冬残奥会倒计时表演《激励》

2022年3月4日晚，北京2022年冬残奥会开幕式在国家体育场举行。图为倒计时表演《激励》。（图/韩海丹/CNSPHOTO）

第一章 启幕　19

冬残奥会中国代表团入场

2022年3月4日晚，北京2022年冬残奥会开幕式在国家体育场举行。图为中国代表团入场。（图/韩冰/CNSPHOTO）

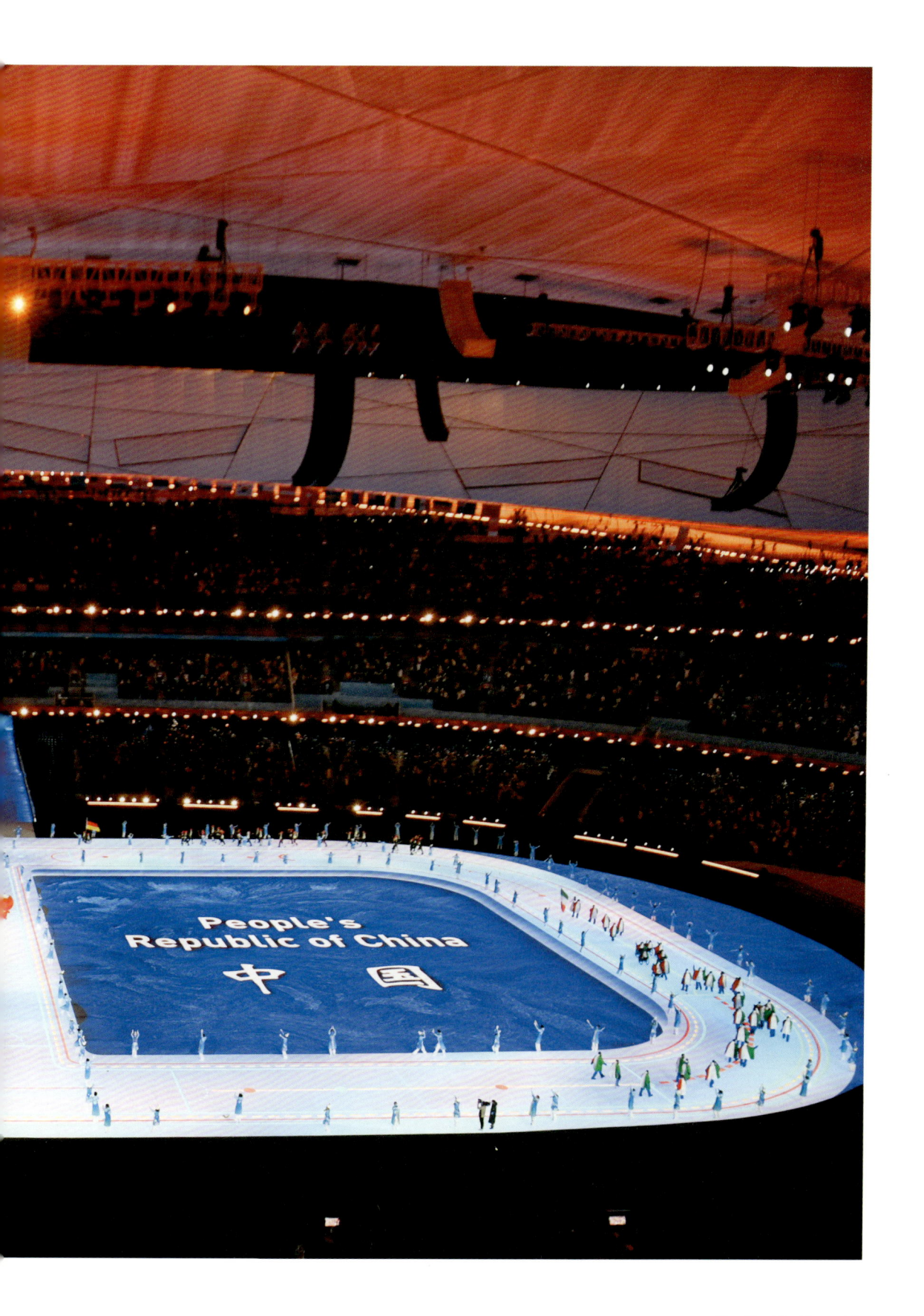

第一章 启 幕

国际残奥委会会旗入场

2022年3月4日晚,北京2022年冬残奥会开幕式在国家体育场举行。图为国际残奥委会会旗入场。(图/刘冉阳/CNSPHOTO)

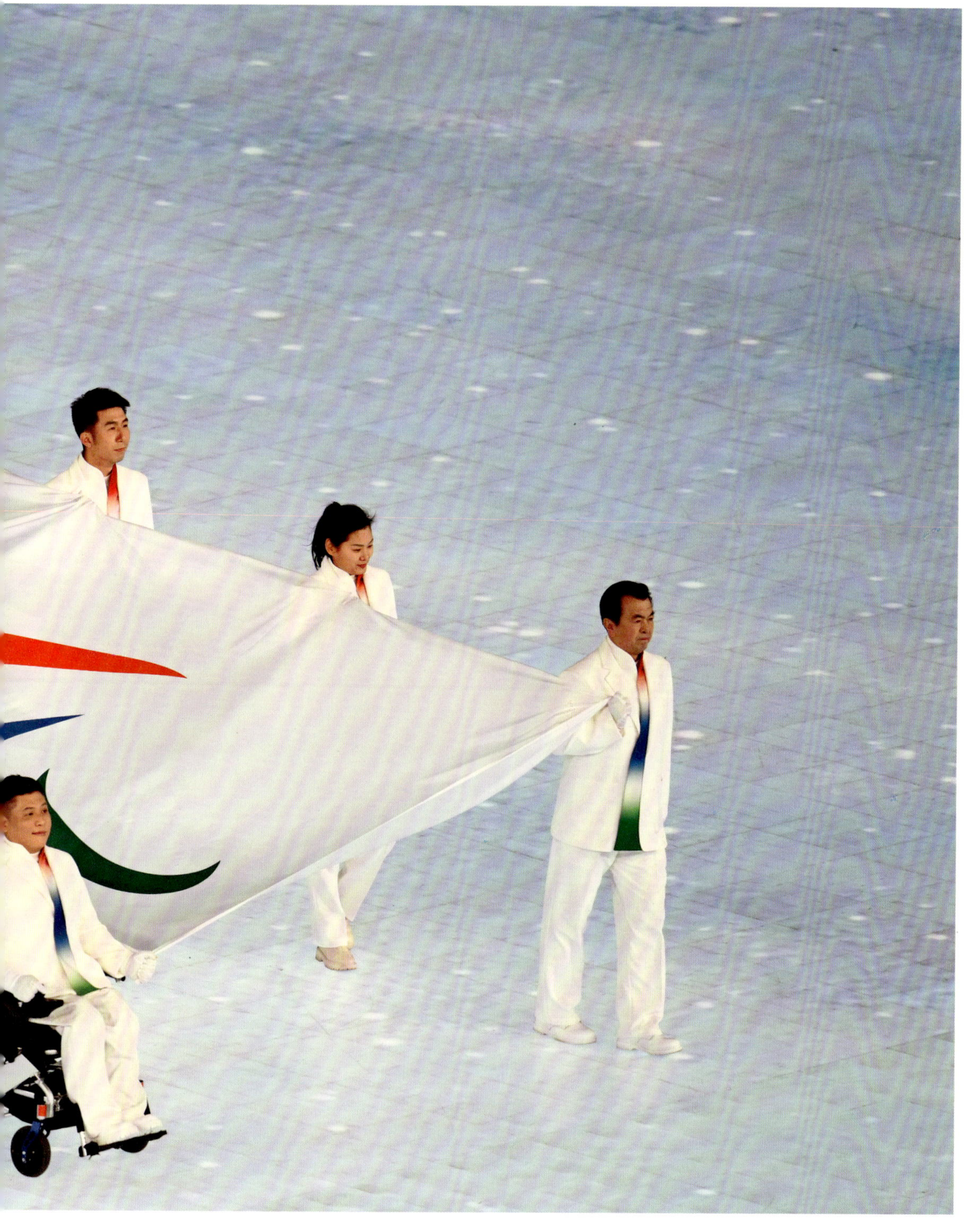

冬残奥会开幕式火炬传递

2022年3月4日晚，北京2022年冬残奥会开幕式在国家体育场举行。图为火炬传递仪式。（图 / 刘冉阳 /CNSPHOTO）

第一章 启幕

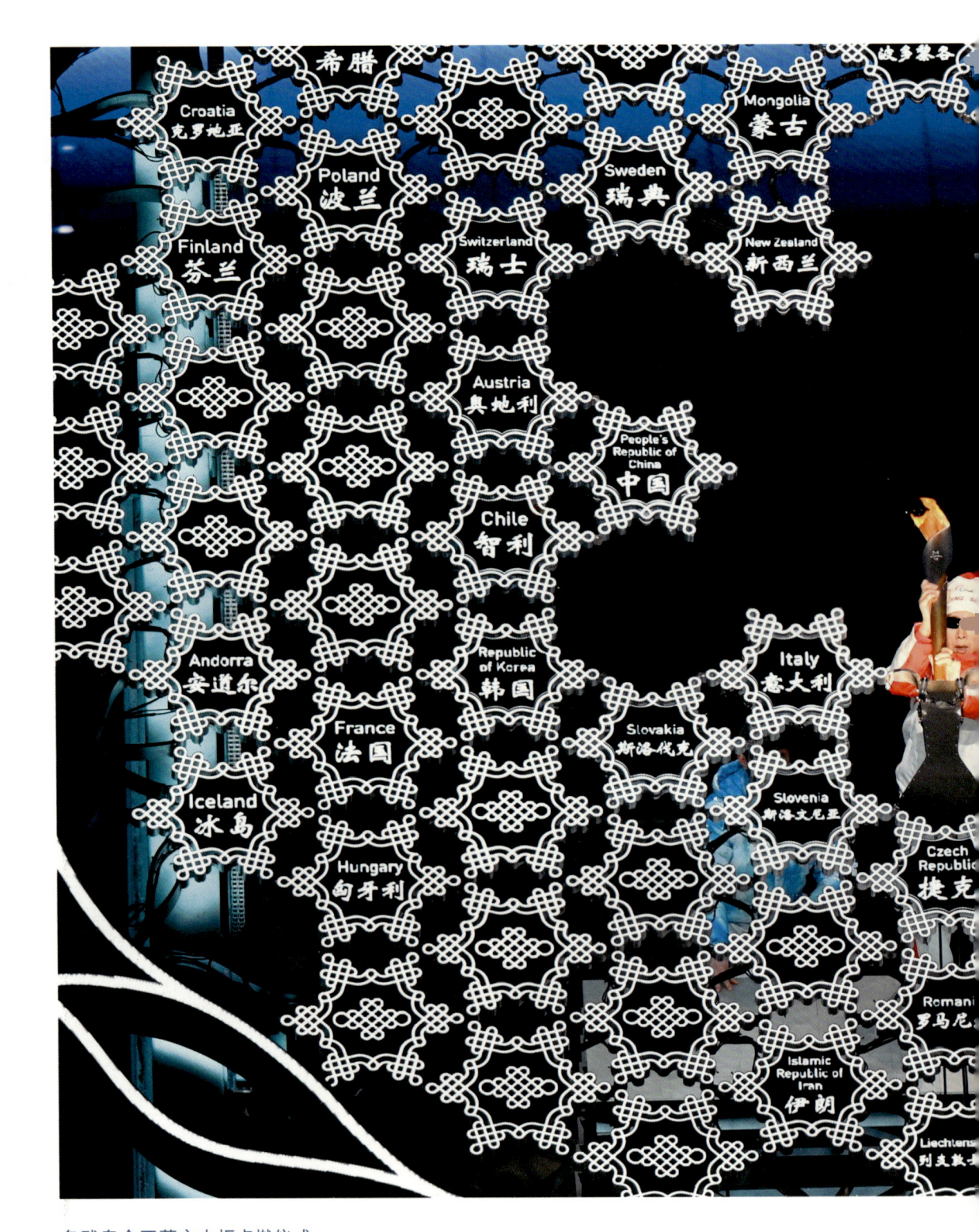

冬残奥会开幕主火炬点燃仪式

2022 年 3 月 4 日晚,北京 2022 年冬残奥会开幕式在国家体育场举行。图为主火炬点燃仪式。(图 / 韩冰 /CNSPHOTO)

第一章 启 幕　　27

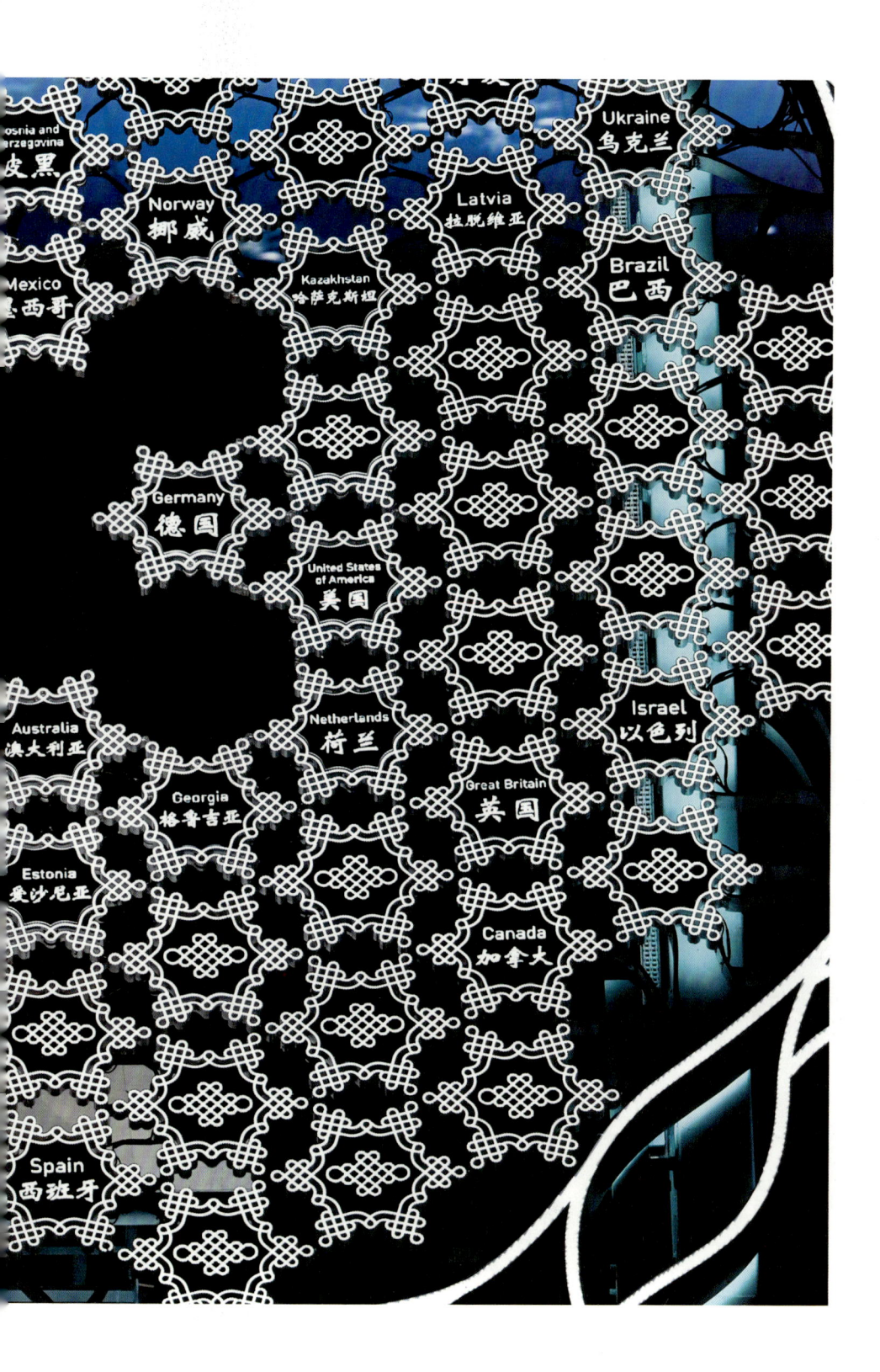

冬残奥会开幕旗帜飘扬

2022年3月4日晚,北京2022年冬残奥会开幕。图为北京2022年冬残奥会张家口赛区颁奖广场上,中国国旗、国际残奥委会会旗(左)和北京冬残奥会会徽旗帜(右)迎风飘扬。(图/侯宇/CNSPHOTO)

第一章 启幕　29

一 起 向 未 来

——2022，中国的冬奥记忆

Together for a Shared Future

第二章

荣光

Glorous Moments

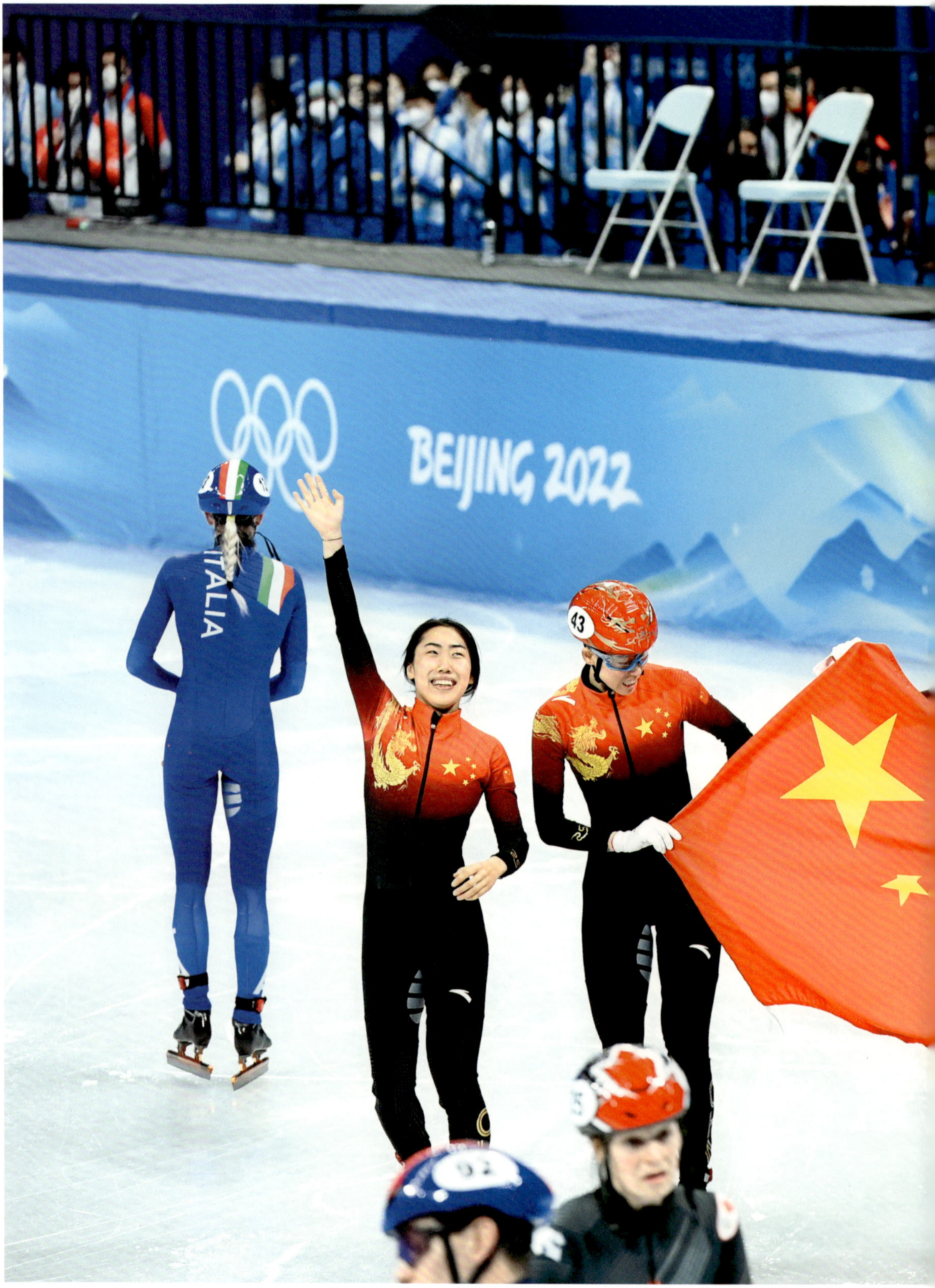
ITALIA
BEIJING 2022
43
92

短道速滑混合团体接力决赛：中国队夺冠

2022年2月5日，在首都体育馆举行的北京2022年冬奥会短道速滑项目混合团体接力决赛中，中国队夺得冠军。图为中国队夺冠后庆贺场景。（图/毛建军/CNSPHOTO）

第二章 荣光

挪威越野滑雪选手特蕾丝·约海于格摘得北京冬奥会首金

2022年2月5日,北京2022年冬奥会越野滑雪女子双追逐(7.5公里传统技术+7.5公里自由技术)比赛在国家越野滑雪中心举行。该项目产生本届冬奥会首枚金牌。图为挪威选手特蕾丝·约海于格在比赛中。(图/富田/CNSPHOTO)

速度滑冰男子 5000 米比赛：瑞典选手尼尔斯·范德普尔夺冠

2022 年 2 月 6 日，北京冬奥会速度滑冰男子 5000 米比赛在国家速滑馆"冰丝带"举行。世界纪录保持者、瑞典选手尼尔斯·范德普尔以 6 分 08 秒 84 破奥运会纪录的成绩夺冠。图为尼尔斯·范德普尔在赛后纪念品颁发仪式上举起瑞典国旗。（图／崔楠/CNSPHOTO）

自由式滑雪男子雪上技巧决赛：瑞典选手瓦尔特·瓦尔贝里夺金

2022年2月5日晚，北京2022年冬奥会自由式滑雪男子雪上技巧决赛在云顶滑雪公园举行。瑞典选手瓦尔特·瓦尔贝里夺冠。图为瓦尔特·瓦尔贝里在比赛中。（图 / 翟羽佳 /CNSPHOTO）

跳台滑雪男子个人标准台：日本选手小林陵侑夺冠

2022年2月6日晚，跳台滑雪男子个人标准台比赛在国家跳台滑雪中心举行，日本选手小林陵侑夺得冠军。图为小林陵侑在比赛中。（图 / 翟羽佳 /CNSPHOTO）

德国运动员约翰内斯·路德维希获得男子单人雪橇冠军

2022年2月6日晚,北京2022年冬奥会男子单人雪橇比赛在国家雪车雪橇中心举行。图为德国运动员约翰内斯·路德维希夺冠后庆祝。(图/何蓬磊/CNSPHOTO)

第二章 荣光

跳台滑雪混合团体标准台在"雪如意"开赛

2022年2月7日,北京2022年冬奥会跳台滑雪混合团体标准台比赛在国家跳台滑雪中心举行。图为冠军斯洛文尼亚选手蒂米·扎伊茨在比赛中。(图/翟羽佳/CNSPHOTO)

短道速滑男子 1000 米决赛：中国选手任子威夺冠

2022 年 2 月 7 日晚，北京 2022 年冬奥会短道速滑项目男子 1000 米决赛在首都体育馆举行。图为中国选手任子威夺冠后庆祝。（图 / 毛建军 /CNSPHOTO）

单板滑雪女子平行大回转决赛：捷克选手埃丝特·莱德茨卡夺冠

2022年2月8日下午，北京2022年冬奥会单板滑雪女子平行大回转决赛在云顶滑雪公园进行，捷克选手埃丝特·莱德茨卡夺冠。图为埃丝特·莱德茨卡在比赛中。（图 / 翟羽佳 /CNSPHOTO）

第二章 荣 光

速度滑冰男子 1500 米比赛：两次刷新奥运会纪录

2022 年 2 月 8 日，北京冬奥会速度滑冰男子 1500 米比赛在国家速滑馆进行。比赛中，荷兰选手托马斯·克罗尔、凯尔·内斯先后刷新奥运会纪录，最终将纪录定格在 1 分 43 秒 21，而凯尔·内斯也获得该项目冠军。图为凯尔·内斯夺冠后庆祝。（图 / 崔楠 / CNSPHOTO）

第二章　荣光　45

单板滑雪男子平行大回转决赛：奥地利选手本雅明·卡尔夺冠

2022 年 2 月 8 日下午，在云顶滑雪公园举行的北京 2022 年冬奥会单板滑雪男子平行大回转决赛中，奥地利选手本雅明·卡尔夺冠。图为本雅明·卡尔激动地亲吻领奖台。（图 / 翟羽佳 / CNSPHOTO）

第二章 荣光

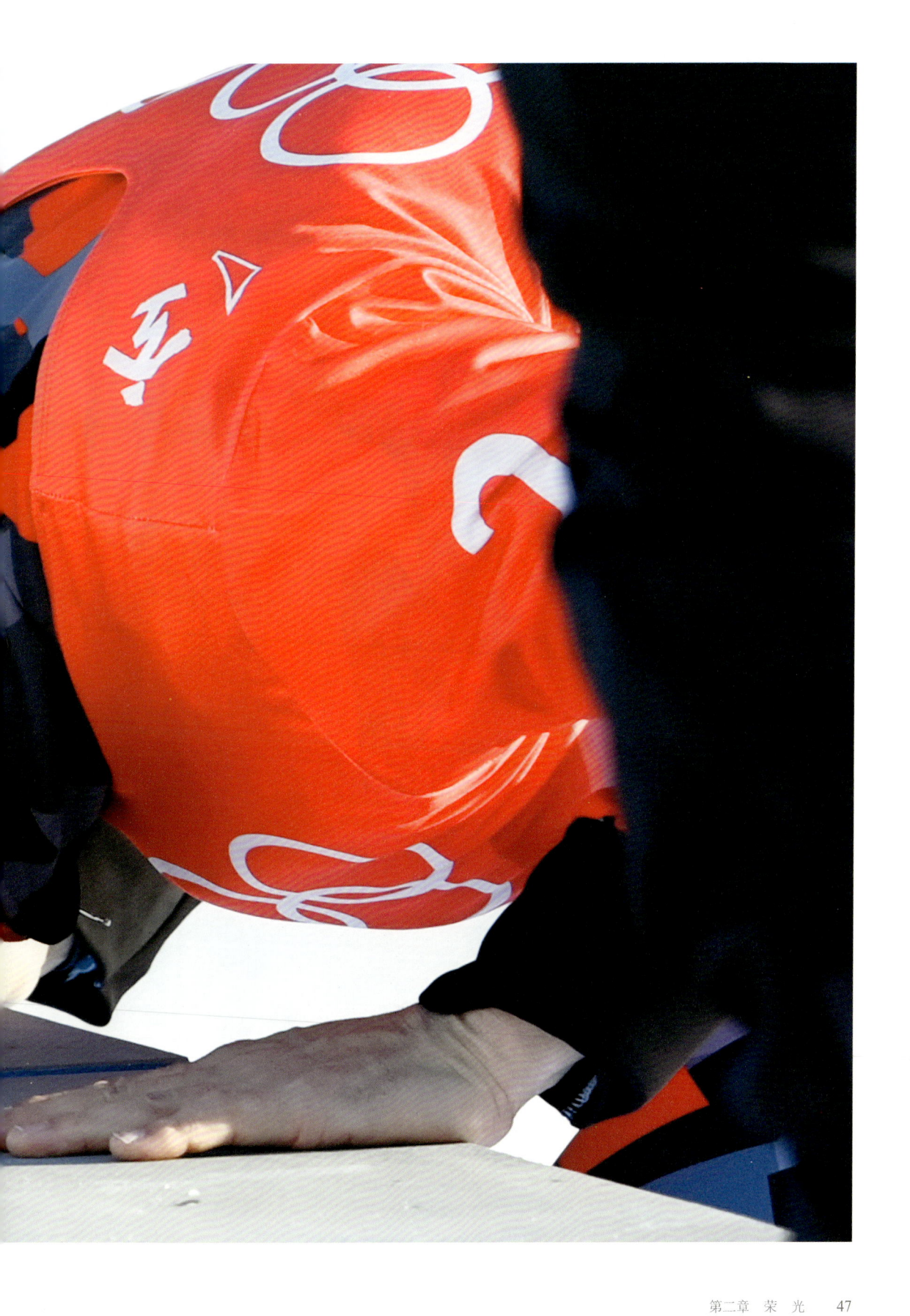

女子单人雪橇：德国选手纳塔莉·盖森贝格尔夺冠

2022年2月8日，北京冬奥会女子单人雪橇项目比赛在国家雪车雪橇中心举行，德国运动员纳塔莉·盖森贝格尔获得金牌。图为纳塔莉·盖森贝格尔在比赛中。（图/何蓬磊/CNSPHOTO）

双人雪橇比赛：德国组合夺冠

2022年2月9日，北京2022年冬奥会双人雪橇项目在国家雪车雪橇中心举行。德国传奇组合托比亚斯·文德尔/托比亚斯·阿尔特以两轮1分56秒554的成绩夺得冠军，实现了该项目三连冠。图为两人在比赛中。（图/何蓬磊/CNSPHOTO）

速度滑冰男子 500 米决赛：中国选手高亭宇打破奥运会纪录夺冠

2022 年 2 月 12 日，北京 2022 年冬奥会速度滑冰男子 500 米决赛在国家速滑馆"冰丝带"举行。中国选手高亭宇以 34.32 秒的成绩打破奥运会纪录，夺得冠军。这是中国首次在冬奥会速度滑冰男子项目获得金牌。图为高亭宇庆祝胜利。（图 / 毛建军 /CNSPHOTO）

图为高亭宇（右）在比赛中。
（图 / 李骏 /CNSPHOTO）

单板滑雪男子大跳台决赛：中国选手苏翊鸣获得冠军

2022年2月15日，北京2022年冬奥会单板滑雪男子大跳台决赛在首钢滑雪大跳台举行，中国选手苏翊鸣获得冠军。图为苏翊鸣庆祝胜利。（图／毛建军/CNSPHOTO）

图为苏翊鸣赛前进行热身。（图／毛建军/CNSPHOTO）

自由式滑雪女子空中技巧奖牌颁发仪式

2022年2月15日，北京2022年冬奥会自由式滑雪女子空中技巧奖牌颁发仪式在张家口赛区颁奖广场举行。图为冠军中国队选手徐梦桃在奖牌颁发仪式上。（图 / 富田 /CNSPHOTO）

自由式滑雪女子空中技巧决赛：中国选手徐梦桃夺冠

2022 年 2 月 14 日，北京 2022 年冬奥会自由式滑雪女子空中技巧决赛在张家口云顶滑雪公园举行，中国选手徐梦桃夺得冠军。图为徐梦桃在比赛前训练。（图 / 富田 /CNSPHOTO）

高山滑雪男子回转项目：法国选手克莱芒·诺埃尔夺冠

2022年2月16日，北京2022年冬奥会高山滑雪男子回转项目比赛在国家高山滑雪中心举行，法国选手克莱芒·诺埃尔夺得冠军。图为克莱芒·诺埃尔在第一轮比赛中。（图/毛建军/CNSPHOTO）

女子冰球金牌赛：加拿大队战胜美国队夺冠

2022年2月17日，在五棵松体育中心举行的北京2022年冬奥会女子冰球金牌赛中，加拿大队3：2战胜美国队夺冠。图为加拿大队守门员安－勒妮·德比安（前左）在比赛中防守。（图/李骏/CNSPHOTO）

自由式滑雪女子 U 型场地技巧决赛：中国选手谷爱凌夺冠

2022 年 2 月 18 日，北京 2022 年冬奥会自由式滑雪女子 U 型场地技巧决赛在云顶滑雪公园举行。中国选手谷爱凌夺得此项目金牌。图为中国选手谷爱凌在纪念品颁发仪式上。（图 / 翟羽佳 / CNSPHOTO）

自由式滑雪女子大跳台决赛：中国选手谷爱凌夺冠

2022 年 2 月 8 日，在首钢滑雪大跳台举行的北京 2022 年冬奥会自由式滑雪女子大跳台决赛中，中国选手谷爱凌夺冠。图为中国选手谷爱凌在比赛中。（图 / 毛建军 /CNSPHOTO）

自由式滑雪女子 U 型场地技巧决赛：中国选手谷爱凌夺冠

2022 年 2 月 18 日，北京 2022 年冬奥会自由式滑雪女子 U 型场地技巧决赛在云顶滑雪公园举行。中国选手谷爱凌夺得此项目金牌。图为中国选手谷爱凌在比赛中。（图 / 翟羽佳 /CNSPHOTO）

花样滑冰双人滑：中国选手隋文静／韩聪夺冠

2022年2月19日，北京2022年冬奥会花样滑冰双人滑自由滑比赛在首都体育馆举行，中国选手隋文静（左）／韩聪夺得双人滑冠军。图为两位选手在比赛中。（图／毛建军/CNSPHOTO）

花样滑冰双人滑：中国选手隋文静/韩聪夺冠

2022年2月19日，北京2022年冬奥会花样滑冰双人滑自由滑比赛在首都体育馆举行，中国选手隋文静（右）/韩聪夺得双人滑冠军。图为两位选手在比赛中。（图/毛建军/CNSPHOTO）

男子冰壶决赛：瑞典队战胜英国队夺冠

2022 年 2 月 19 日，在国家游泳中心"冰立方"举行的北京 2022 年冬奥会男子冰壶决赛中，瑞典队战胜英国队，夺得金牌。图为瑞典选手尼古拉斯·埃丁在比赛中。（图 / 崔楠 /CNSPHOTO）

速度滑冰女子集体出发决赛：伊雷妮·斯豪滕获得冠军

2022 年 2 月 19 日，北京 2022 年冬奥会速度滑冰女子集体出发决赛在国家速滑馆"冰丝带"举行。荷兰选手伊雷妮·斯豪滕（前排中）获得冠军。图为比赛中。（图 / 李骏 /CNSPHOTO）

德国组合获得女子双人雪车冠军

2022年2月19日，北京2022年冬奥会女子双人雪车比赛在国家雪车雪橇中心举行，德国组合劳拉·诺尔特/德博拉·莱维（中）以4分03秒96的成绩夺冠。图为颁奖仪式。（图/何蓬磊/CNSPHOTO）

德国队获得四人雪车冠军

2022年2月20日，北京2022年冬奥会四人雪车比赛在国家雪车雪橇中心举行，德国队弗朗西斯科·弗里德里希/托尔斯滕·马吉斯/坎迪·鲍尔/亚历山大·许勒尔夺冠。图为德国队在比赛中。（图/何蓬磊/CNSPHOTO）

第二章 荣光 61

花样滑冰表演滑：日本选手羽生结弦

2022年2月20日，北京2022年冬奥会花样滑冰表演滑在首都体育馆举行。图为日本选手羽生结弦在表演滑中。（图／崔楠／CNSPHOTO）

第二章 荣光

残奥冬季两项男子短距离—坐姿决赛：中国选手刘子旭夺冠

2022年3月5日，北京2022年冬残奥会残奥冬季两项男子短距离—坐姿比赛在国家冬季两项中心举行，中国选手刘子旭以18分51秒5的成绩夺得冠军。图为刘子旭在比赛中。（图 / 侯宇 /CNSPHOTO）

残奥冬季两项女子短距离—站姿决赛：中国选手郭雨洁夺冠

2022年3月5日，北京2022年冬残奥会残奥冬季两项女子短距离—站姿比赛在国家冬季两项中心举行，中国选手郭雨洁夺得冠军。图为郭雨洁在比赛中。（图/侯宇/CNSPHOTO）

残奥高山滑雪女子超级大回转—站姿决赛：中国选手张梦秋夺金

2022年3月6日，北京2022年冬残奥会残奥高山滑雪女子超级大回转—站姿决赛在国家高山滑雪中心举行，中国选手张梦秋夺得金牌。图为张梦秋赛后庆祝胜利。（图/刘冉阳/CNSPHOTO）

中国选手杨洪琼获残奥越野滑雪女子长距离—坐姿项目金牌

2022年3月6日晚间,北京2022年冬残奥会残奥越野滑雪女子长距离—坐姿项目颁奖仪式在张家口颁奖广场举行,中国选手杨洪琼获得金牌。图为杨洪琼展示金牌。(图/侯宇/CNSPHOTO)

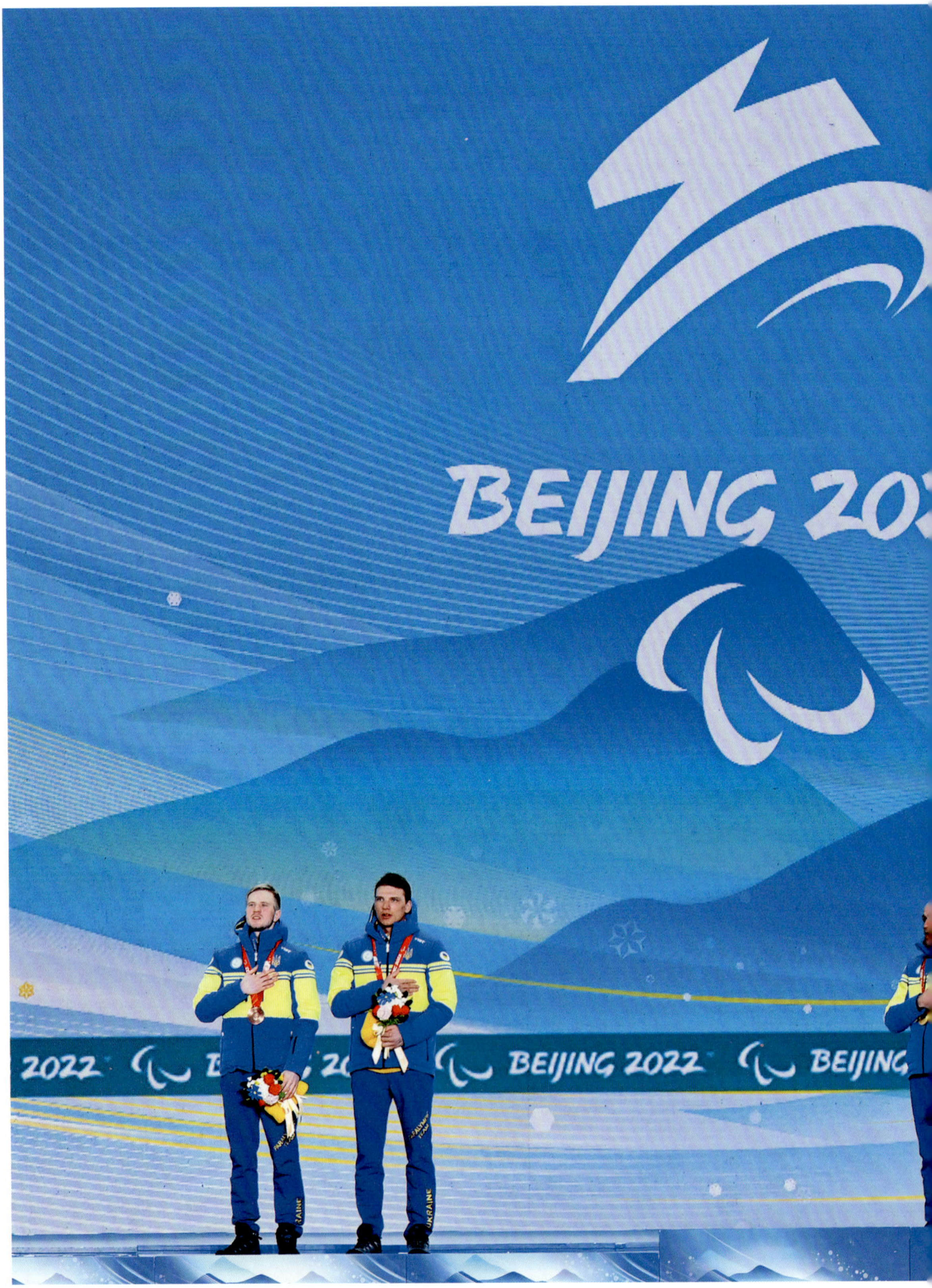
BEIJING 202
2022
BEIJING 2022
BEIJING
UKRAINE
UKRAINE

乌克兰选手包揽残奥冬季两项男子短距离—视障项目金、银、铜牌

2022年3月6日晚间，北京2022年冬残奥会残奥冬季两项男子短距离—视障项目颁奖仪式在张家口颁奖广场举行。图为包揽该项目金、银、铜牌的3位乌克兰选手维塔利·卢基扬年科、亚历山大·卡济克、德米特罗·苏亚尔科和他们各自的引导员。（图／侯宇／CNSPHOTO）

第二章 荣 光　69

残奥高山滑雪男子大回转—坐姿决赛：挪威选手耶斯佩尔·彼得森摘金

2022年3月10日，北京2022年冬残奥会残奥高山滑雪男子大回转—坐姿决赛在国家高山滑雪中心举行，挪威选手耶斯佩尔·彼得森以1分54秒20的成绩摘得金牌。图为耶斯佩尔·彼得森庆祝夺冠。（图/杨华峰/CNSPHOTO）

中国选手毛忠武获残奥越野滑雪男子中距离—坐姿项目冠军

2022年3月12日，北京2022年冬残奥会残奥越野滑雪男子中距离—坐姿决赛在国家冬季两项中心举行，中国选手毛忠武以29分10秒7的成绩夺得冠军。图为毛忠武在比赛中奋力滑行。（图／侯宇/CNSPHOTO）

试滑员赛前探路

2022 年 3 月 12 日，北京 2022 年冬残奥会残奥越野滑雪男、女中距离各项目决赛在国家冬季两项中心举行。图为比赛开始前，试滑员按顺序进发，检查赛道状况。（图 / 侯宇 /CNSPHOTO）

为选手加油

2022年3月12日，北京2022年冬残奥会残奥越野滑雪女子中距离—坐姿项目决赛在张家口国家冬季两项中心举行。图为美国选手莱拉·多德莱因的教练在赛道旁为她加油鼓劲。（图/侯宇/CNSPHOTO）

轮椅冰壶金牌赛：中国队夺冠

2022年3月12日，在国家游泳中心"冰立方"举行的北京2022年冬残奥会轮椅冰壶金牌赛中，中国队8∶3战胜瑞典队，夺得冠军。图为中国队选手孙玉龙、闫卓、张明亮、陈建新和王海涛向观众致意。（图 / 刘冉阳 /CNSPHOTO）

第二章　荣　光　75

一 起 向 未 来

——2022，中国的冬奥记忆

Together for a Shared Future

第三章

颂章

Closing Ceremony

开场"点亮"环节

2022年2月20日晚,北京2022年冬奥会闭幕式在国家体育场举行。图为开场"点亮"环节。(图/崔楠/CNSPHOTO)

第三章 颂 章

一起向未来

中国代表团旗手徐梦桃与高亭宇入场

2022年2月20日晚，北京2022年冬奥会闭幕式在国家体育场举行。图为中国代表团旗手徐梦桃与高亭宇入场。（图／毛建军／CNSPHOTO）

代表团旗帜和运动员入场

2022年2月20日晚,北京2022年冬奥会闭幕式在国家体育场举行。图为代表团旗帜和运动员入场环节。(图 / 毛建军 /CNSPHOTO)

第三章 颂 章

焰火表演

2022年2月20日晚,北京2022年冬奥会闭幕式在国家体育场举行。图为焰火表演。(图/毛建军/CNSPHOTO)

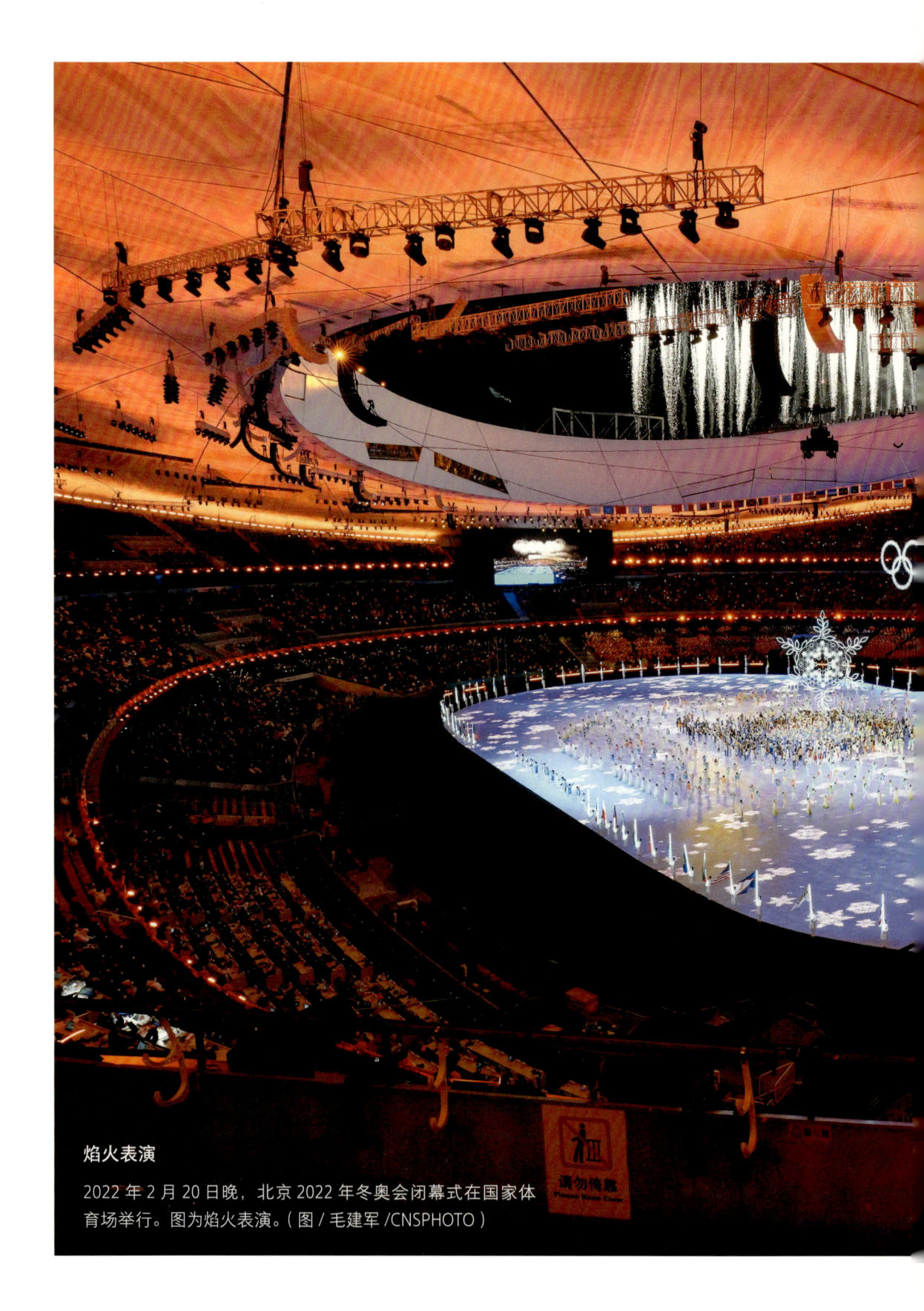

第三章 颂 章 85

向志愿者致谢

2022年2月20日晚,北京2022年冬奥会闭幕式在国家体育场举行。图为向志愿者致谢环节。(图/崔楠/CNSPHOTO)

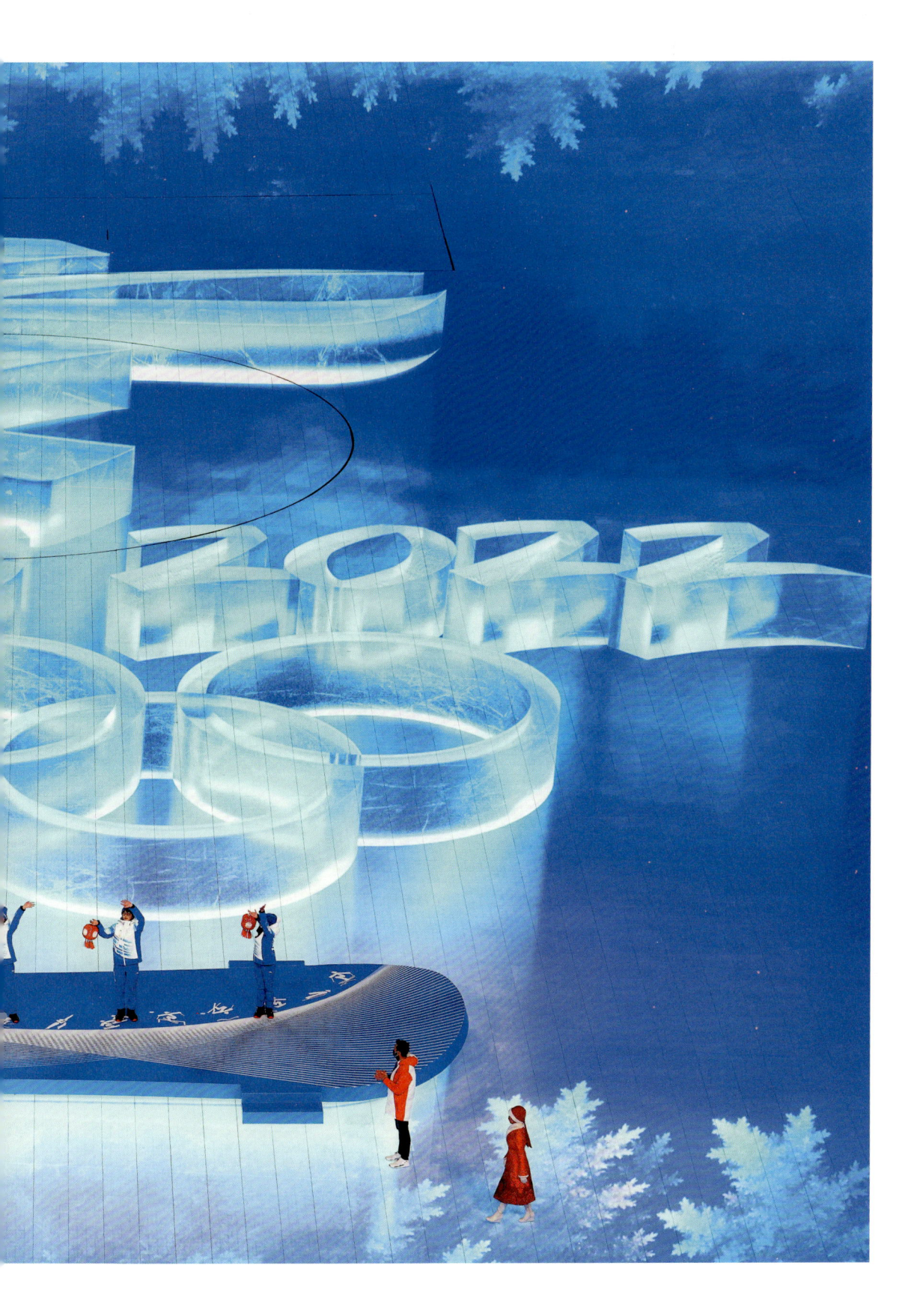

第三章 颂 章

折柳寄情

2022年2月20日晚,北京2022年冬奥会闭幕式在国家体育场举行。图为"折柳寄情"环节。(图/崔楠/CNSPHOTO)

第三章 颂 章

降下奥林匹克会旗

2022年2月20日晚,北京2022年冬奥会闭幕式在国家体育场举行。图为奥林匹克会旗降下环节。(图/何蓬磊/CNSPHOTO)

第三章 颂 章　91

奥林匹克会旗交接

2022年2月20日晚,北京2022年冬奥会闭幕式在国家体育场举行。图为奥林匹克会旗交接环节。(图 / 何蓬磊 /CNSPHOTO)

第三章　颂　章

熄灭冬奥会主火炬

2022年2月20日晚,北京2022年冬奥会闭幕式在国家体育场举行。图为熄灭主火炬环节。(图/崔楠/CNSPHOTO)

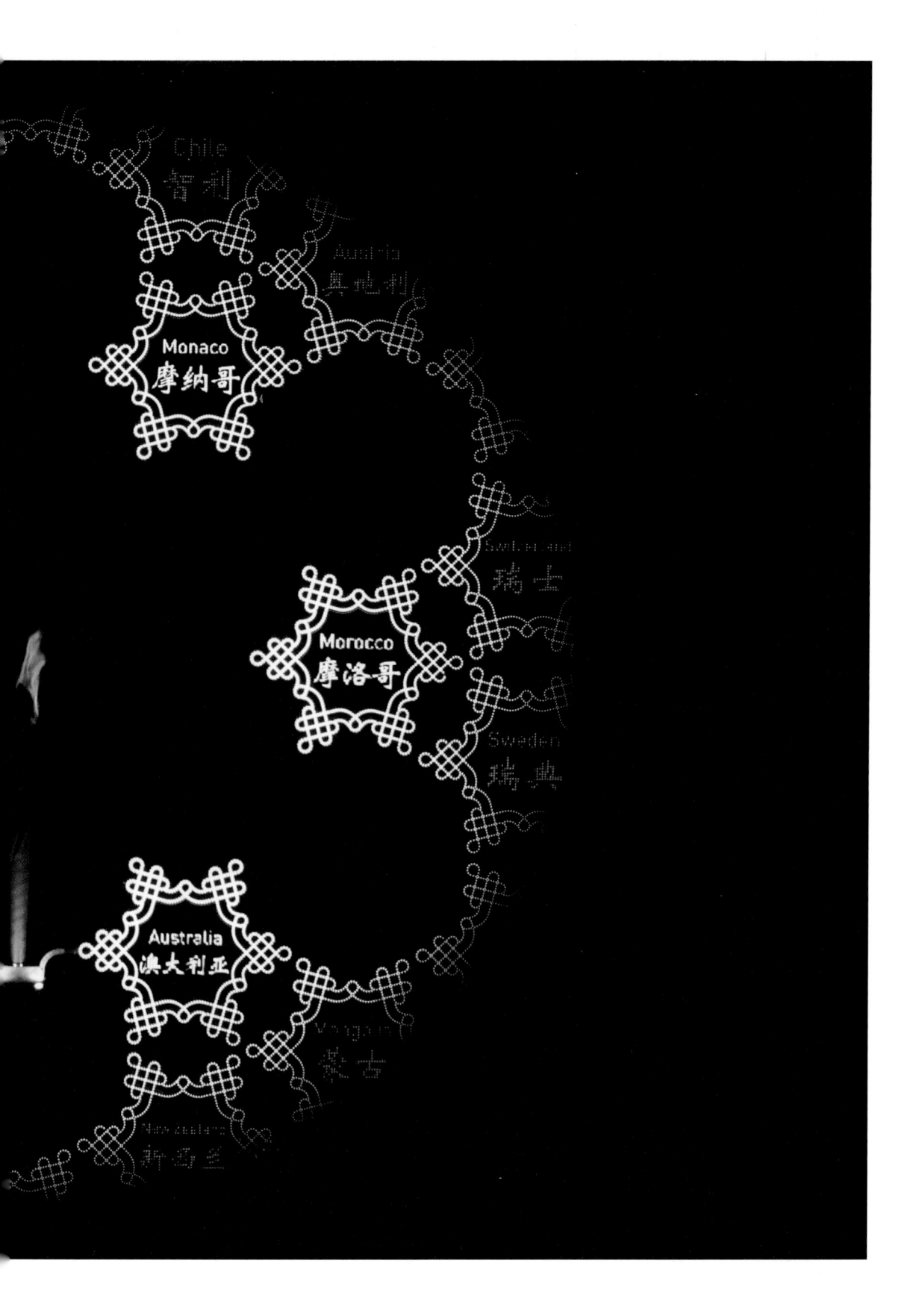

第三章 颂 章

表演《同在蓝天下》

2022年3月4日，北京2022年冬残奥会开幕式在国家体育场举行。图为仪式前表演《同在蓝天下》。（图／韩海丹/CNSPHOTO）

第三章 颂 章

98　一起向未来

开场表演《高光时刻》

2022年3月13日晚,北京2022年冬残奥会闭幕式在国家体育场举行。图为开场表演《高光时刻》。(图／蒋启明/CNSPHOTO)

中国代表团旗帜入场

2022年3月13日晚，北京2022年冬残奥会闭幕式在国家体育场举行。图为中国代表团旗帜入场。（图／蒋启明/CNSPHOTO）

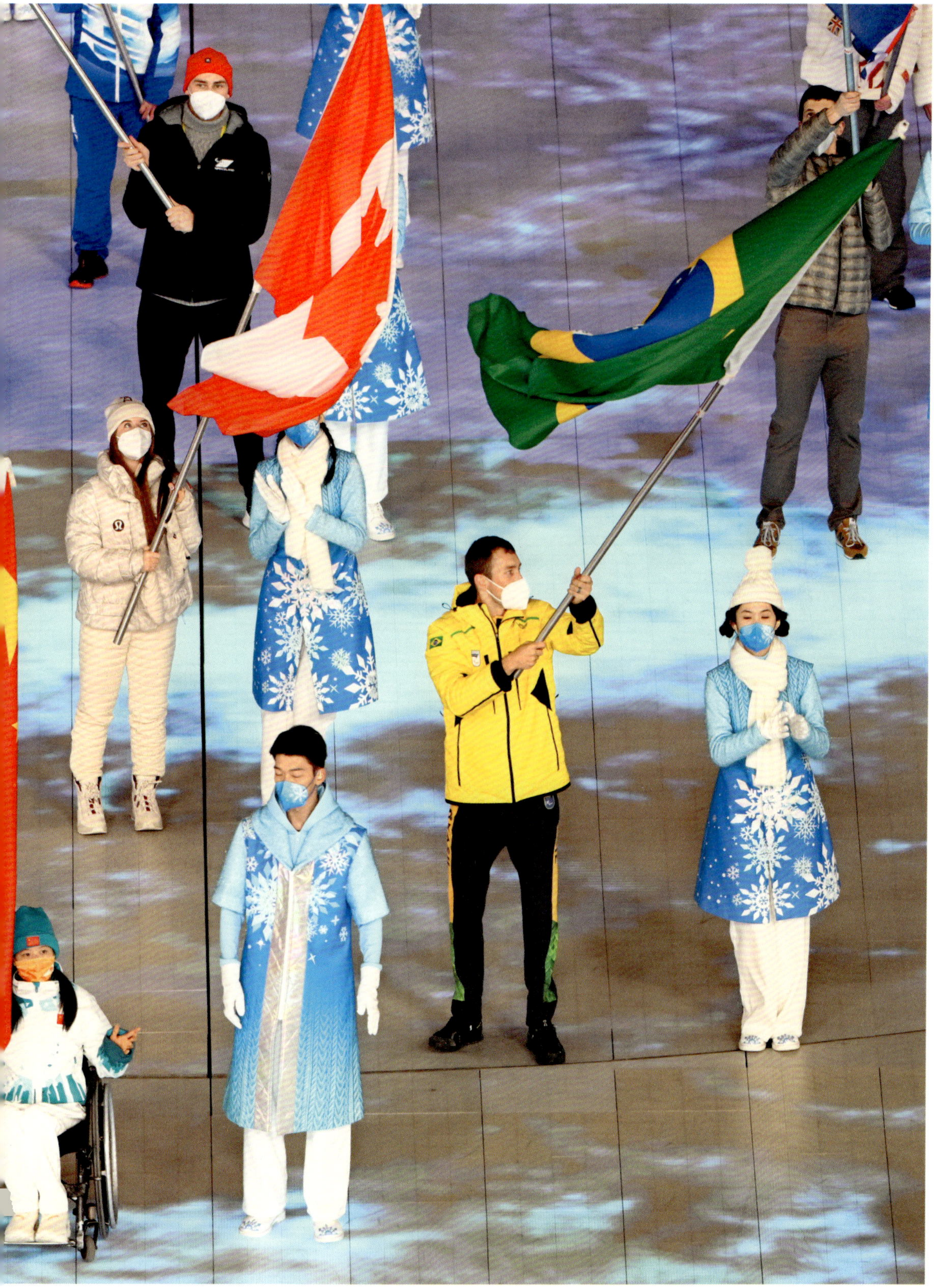

向志愿者致谢

2022年3月13日晚,北京2022年冬残奥会闭幕式在国家体育场举行。图为国际残奥委会运动员委员会新当选委员向志愿者致谢。(图/杨华峰/CNSPHOTO)

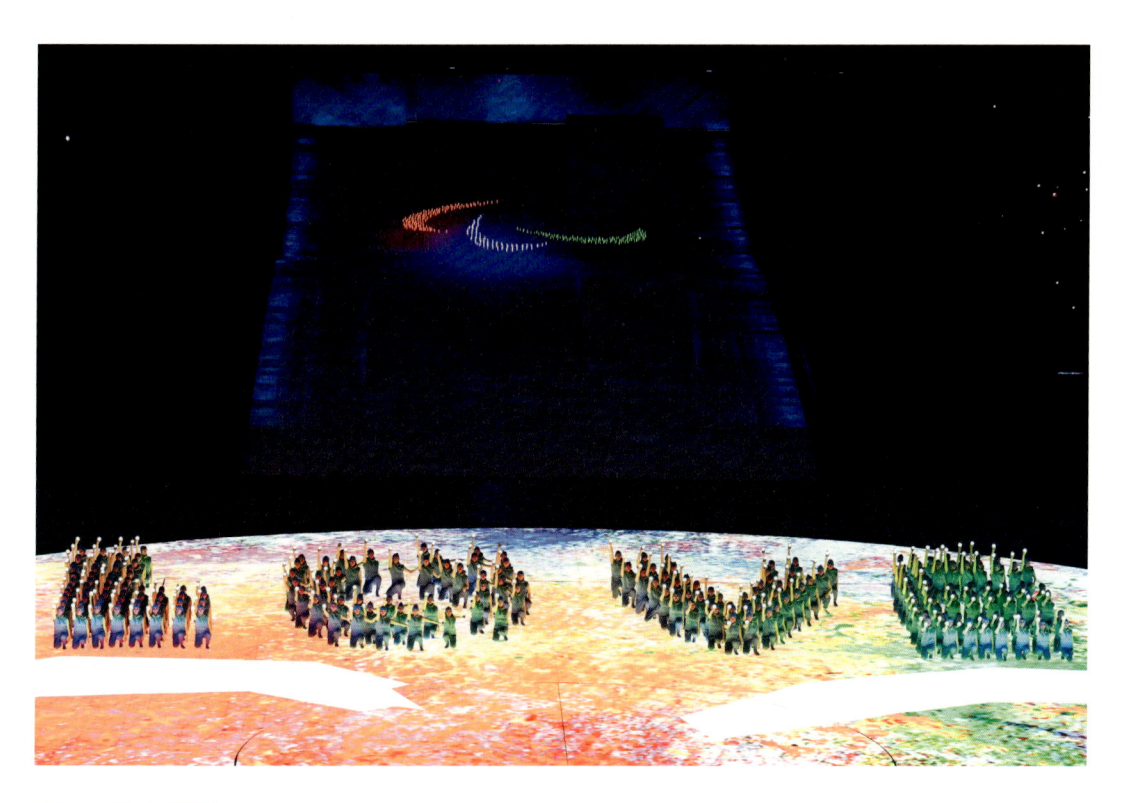

表演《爱的感召》

2022年3月13日晚，北京2022年冬残奥会闭幕式在国家体育场举行。图为演员们在节目表演《爱的感召》中拼出"LOVE"字样。（图/刘冉阳/CNSPHOTO）

冬残奥会会旗交接仪式

2022年3月13日晚，北京2022年冬残奥会闭幕式在国家体育场举行。图为冬残奥会会旗交接仪式。（图／刘冉阳／CNSPHOTO）

下届主办国国旗升起

2022 年 3 月 13 日晚,北京 2022 年冬残奥会闭幕式在国家体育场举行。图为意大利女歌手演唱意大利国歌,意大利国旗升起。(图 / 蒋启明 /CNSPHOTO)

播放下届主办城市宣传片《我们是光》

2022年3月13日晚,北京2022年冬残奥会闭幕式在国家体育场举行。图为现场播放下届主办城市宣传片《我们是光》时,场地内显示的是2026年米兰-科尔蒂纳丹佩佐冬残奥会会徽。(图/刘冉阳/CNSPHOTO)

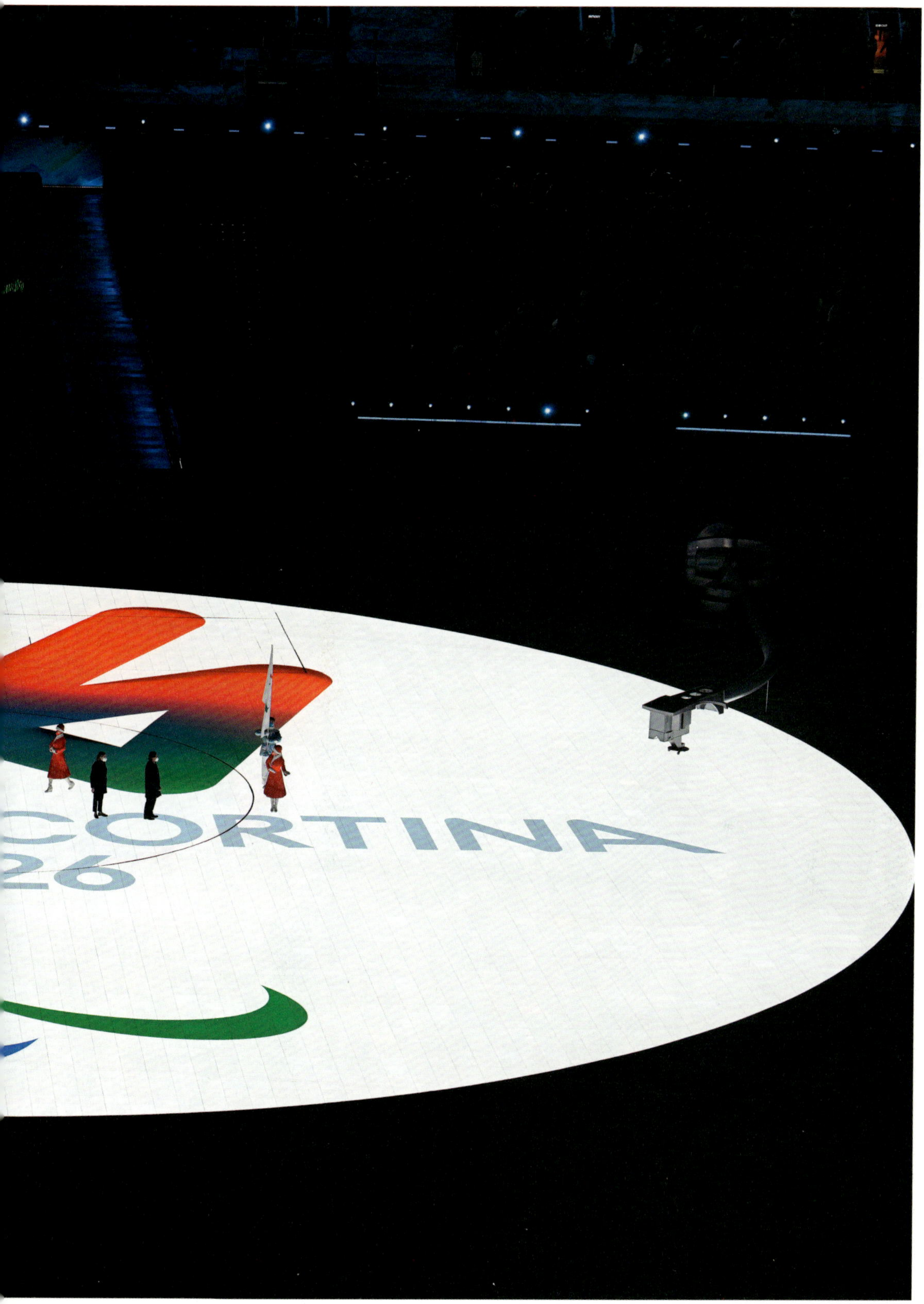
CORTINA
26

108　一起向未来

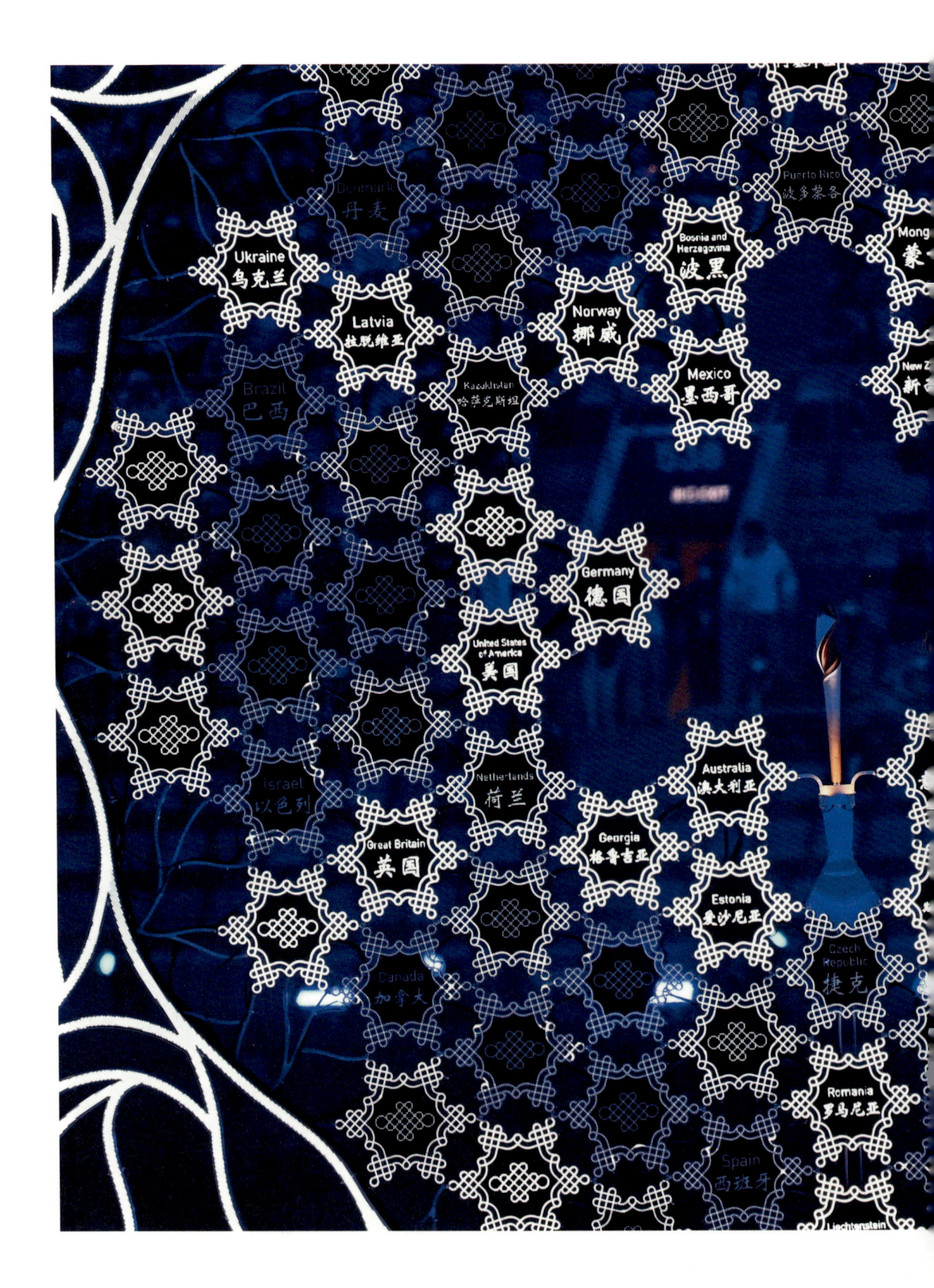

冬残奥会主火炬熄灭

2022年3月13日晚，北京2022年冬残奥会闭幕式在国家体育场举行。图为主火炬熄灭。（图／韩冰/CNSPHOTO）

一 起 向 未 来

——2022，中国的冬奥记忆

Together for a Shared Future

第四章

节点

Key Milestones

国际奥委会评估团考察北京延庆场馆规划

2015年3月25日,国际奥委会评估团在华评估考察进入第二天。图为该团考察北京延庆场馆规划。(图/北京冬奥申委提供/CNSPHOTO)

国际奥委会评估团在张家口地区考察

2015年3月26日,国际奥委会评估团在华评估考察进入第三天。图为该团评估考察张家口崇礼的竞赛和非竞赛场馆。(图/北京冬奥申委提供/CNSPHOTO)

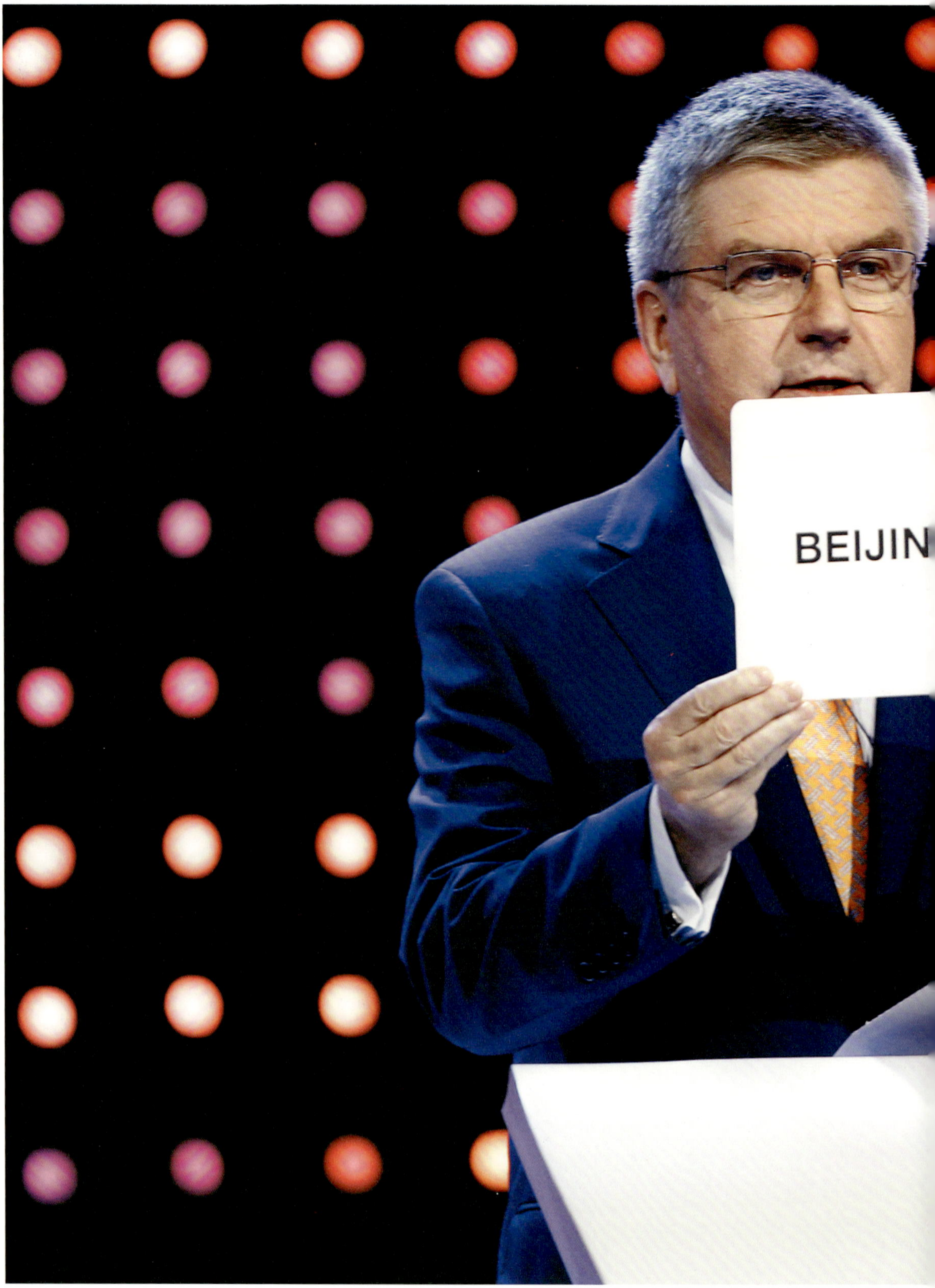
BEIJIN

北京赢得 2022 年冬季奥运会举办权

2015 年 7 月 31 日,在马来西亚吉隆坡举行的国际奥委会第 128 次全会投票决定,北京成为 2022 年冬奥会和冬残奥会举办城市。图为国际奥委会主席巴赫宣布结果。(图 / 杜洋 / CNSPHOTO)

第四章 节点

北京 2022 年冬奥会会徽和冬残奥会会徽发布

2017 年 12 月 15 日，北京 2022 年冬奥会会徽和冬残奥会会徽发布仪式在北京举行。图为发布仪式现场。
（图 / 韩海丹 /CNSPHOTO）

第四章 节 点

北京冬奥会启动倒计时装置，1000 天后冬奥会将正式开幕

2019 年 5 月 10 日，北京 2022 年冬奥会倒计时 1000 天活动在北京奥林匹克公园举行。图为嘉宾启动倒计时牌。（图／韩海丹／CNSPHOTO）

北京 2022 年冬奥会倒计时 1000 天河北系列活动启动

2019 年 5 月 11 日，北京 2022 年冬奥会进入倒计时 1000 天，河北省"冬奥就在我身边"主题系列活动启动仪式在张家口市崇礼区举行。图为参会人员共同推起启动杆，主屏幕与启动装置同时呈现"1000 DAYS TO GO"，标志着北京 2022 年冬奥会倒计时 1000 天的到来。（图／宋敏涛/CNSPHOTO）

北京 2022 年冬奥会吉祥物和冬残奥会吉祥物发布

2019 年 9 月 17 日，北京 2022 年冬奥会吉祥物"冰墩墩"和冬残奥会吉祥物"雪容融"发布活动在北京举行。图为活动现场。（图 / 富田 /CNSPHOTO）

第四章 节 点　　121

首架冬奥彩绘飞机"冬奥冰雪号"正式亮相

2020年9月5日,北京2022年冬奥会和冬残奥会首架主题彩绘飞机"冬奥冰雪号"在北京首都国际机场正式亮相,并飞往成都完成首航。图为准备首航的"冬奥冰雪号"。(图/富田/CNSPHOTO)

北京冬奥会倒计时 500 天长城文化活动启动

2020 年 9 月 20 日，北京冬奥会倒计时 500 天长城文化活动在八达岭长城举办。图为活动现场。（图 / 富田 /CNSPHOTO）

北京冬奥会火炬"飞扬"正式发布

2021年2月4日,北京冬奥会倒计时一周年活动在国家游泳中心"冰立方"举行。活动现场,北京2022年冬奥会和冬残奥会火炬"飞扬"正式发布亮相。火炬是展示北京冬奥会理念和中国文化的重要载体,是北京冬奥会的愿景和精神的集中体现。北京冬奥会火炬外形极具动感和活力,颜色为银色与红色,象征冰火相约,激情飞扬,照亮冰雪,温暖世界。北京冬残奥会火炬则选用银色与金色,寓意辉煌与梦想,体现"勇气、决心、激励、平等"的残奥价值观,火炬最下方一圈刻有"北京2022年冬残奥会"全称的盲文。图为活动现场。(图/钟欣/CNSPHOTO)

第四章 节 点 125

北京冬奥口号"一起向未来"

2021年9月17日,北京2022年冬奥会和冬残奥会主题口号正式发布——"一起向未来"(英文为"Together for a Shared Future")。图为发布活动现场。(图 / 北京冬奥组委提供 /CNSPHOTO)

北京冬奥会海报发布

2021年9月22日，北京2022年冬奥会和冬残奥会海报在北京发布。宣传海报共11套（件），这些作品以体育为主题，以文化为内容，融入了冬奥元素、中国文化、城市风貌、冰雪运动等多种设计元素。图为现场发布的宣传海报。（图/张兴龙/CNSPHOTO）

128　一起向未来

北京 2022 年冬奥会火种欢迎仪式在北京举行

2021 年 10 月 20 日上午，北京 2022 年冬奥会火种抵达北京，火种欢迎仪式在奥林匹克塔举行。图为工作人员护送火种入场。（图/韩海丹/CNSPHOTO）

第四章 节 点 129

北京 2022 年冬奥会开幕倒计时 100 天主题活动隆重举行

2021 年 10 月 26 日,北京 2022 年冬奥会开幕倒计时 100 天主题活动在北京隆重举行。图为活动现场。(图 / 北京冬奥组委提供 / CNSPHOTO)

北京冬奥会和冬残奥会制服装备发布

2021年10月27日,在北京2022年冬奥会开幕倒计时100天之际,北京冬奥会和冬残奥会制服装备在北京正式发布。图为志愿者制服装备展示。(图/富田/CNSPHOTO)

北京 2022 年冬残奥会倒计时 100 天主题活动在北京举行

2021 年 11 月 24 日，北京 2022 年冬残奥会倒计时 100 天主题活动在北京举行。图为残疾人志愿者代表挥舞旗帜。（图 / 韩海丹 / CNSPHOTO）

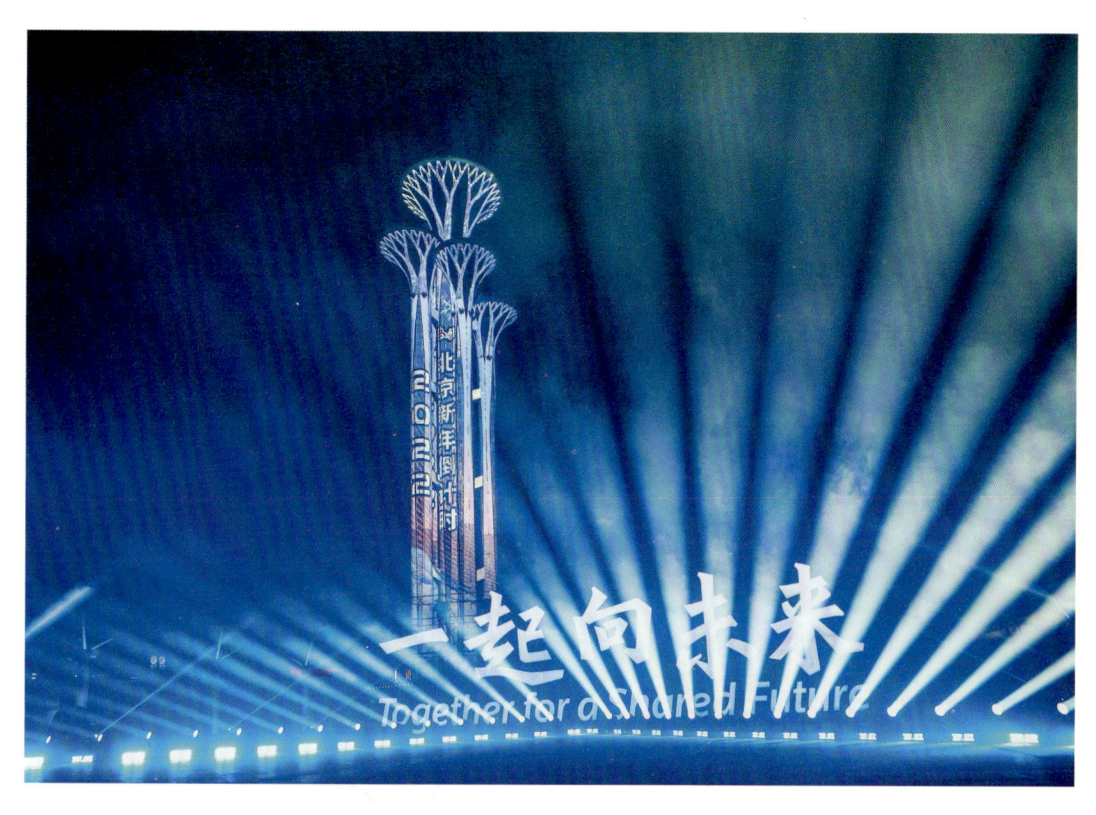

2022 北京新年倒计时活动在奥林匹克塔举行

2021年12月31日晚，由北京市文旅局主办的2022北京新年倒计时活动于2021年12月31日至2022年1月1日在奥林匹克塔举行。图为流光溢彩中的奥林匹克塔。（图 / 贾天勇 /CNSPHOTO）

"相约北京"奥林匹克文化节开幕

2022年1月6日,"相约北京"奥林匹克文化节暨第22届"相约北京"国际艺术节开幕式——"我们北京见"大型综合文艺晚会在北京上演,展现北京作为世界首座"双奥之城"的独特文化魅力。图为活动现场。(图/富田/CNSPHOTO)

第四章 节 点

136　一起向未来

北京冬奥会中国体育代表团宣誓出征

2022年1月25日，北京冬奥会中国体育代表团部分成员来到天安门广场观看升国旗仪式，并宣誓出征。图为中国体育代表团部分成员宣誓出征北京冬奥会。（图／国家体育总局冬季运动管理中心提供／NSPHOTO）

一 起 向 未 来

——2022，中国的冬奥记忆

Together for a Shared Future

第五章

创想

Greative Constructions

首钢滑雪大跳台亮灯

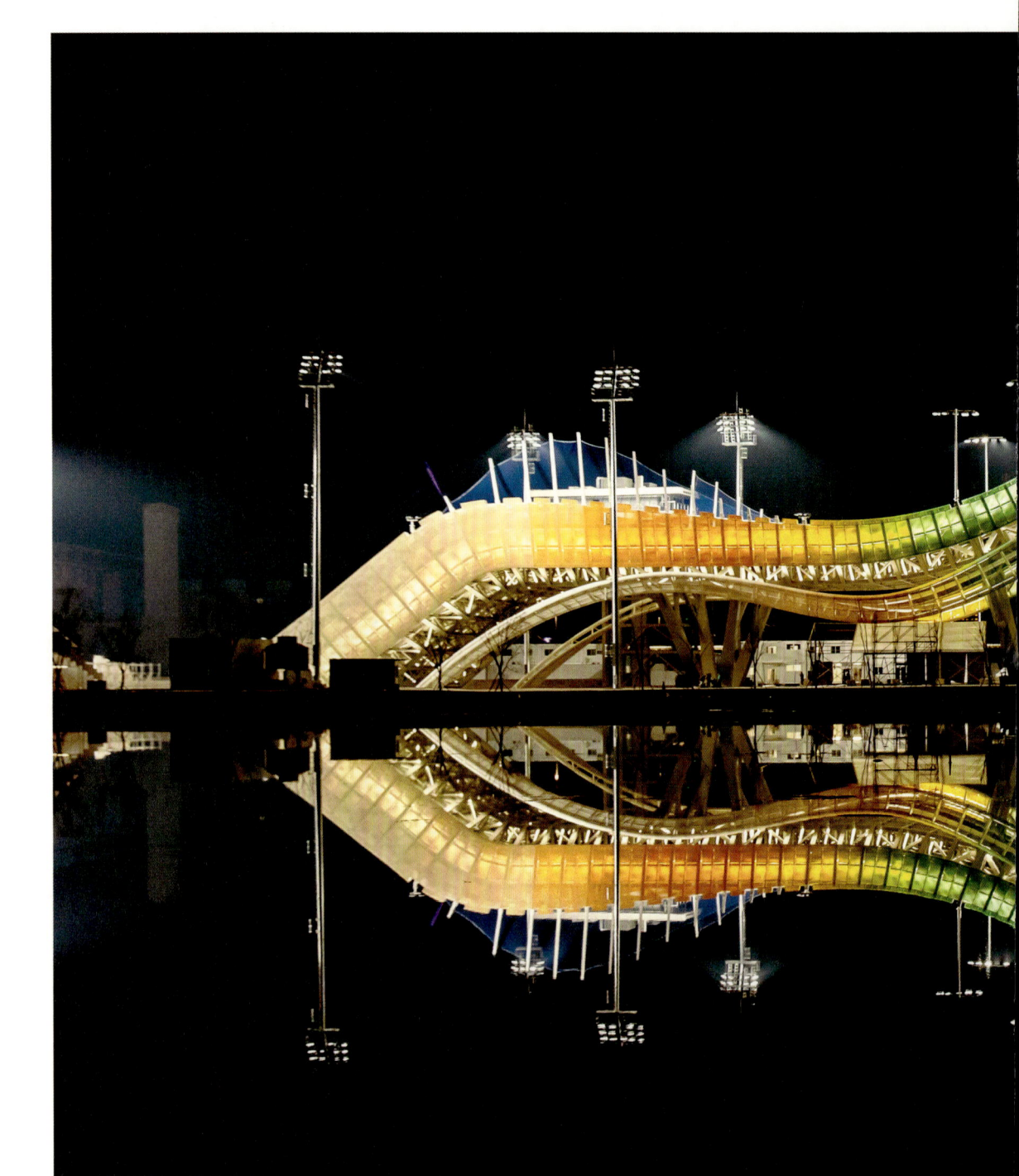

2019年11月28日，首钢滑雪大跳台亮灯。首钢滑雪大跳台是北京冬奥会跳台滑雪项目的比赛场馆，也是北京赛区唯一一处雪上项目比赛场地。图为在灯光笼罩下的首钢滑雪大跳台。（图/富田/CNSPHOTO）

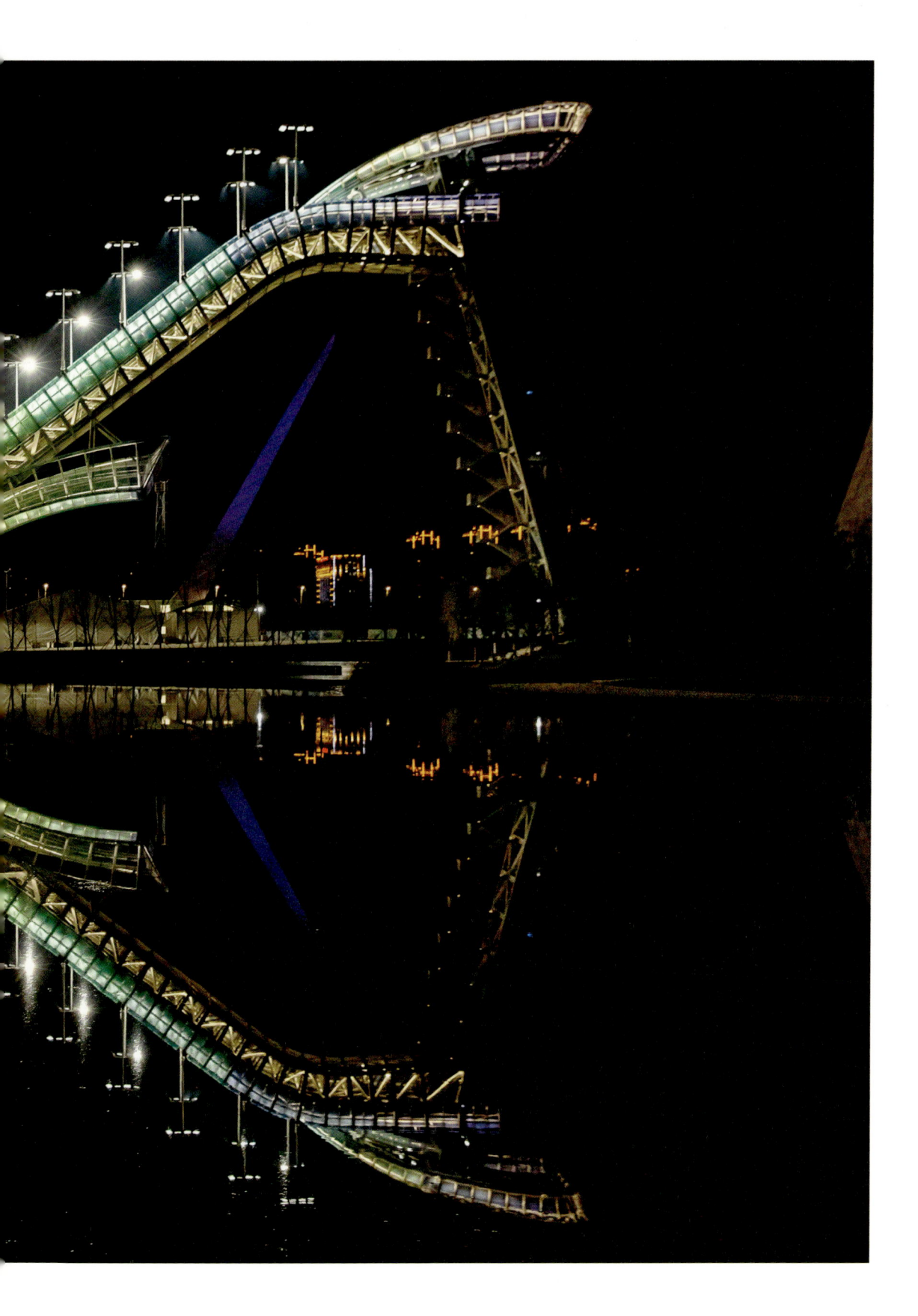

第五章 创 想

北京冬奥会新建场馆"冰坛"竣工

2020年5月27日,位于北京市海淀区的2022年冬奥会新建综合训练馆"冰坛"竣工。图为"冰坛"外景。(图/侯宇/CNSPHOTO)

延庆冬奥村沙盘

2020年8月20日,延庆冬奥村样板段亮相。作为北京冬奥会三个冬奥村之一,延庆冬奥村是一个按照中国北方山村文化特色设计的运动员村,赛后将作为休闲度假酒店向社会开放。图为延庆冬奥村沙盘模型。(图/富田/CNSPHOTO)

航拍张家口冬奥村

2021年10月5日,航拍张家口冬奥村。张家口冬奥村位于河北省张家口市崇礼区太子城冰雪小镇内,承担着张家口赛区全部冬奥会和冬残奥会运动员、教练员及代表团成员在住宿、餐饮、娱乐、休闲等方面的服务工作,分为居住区、广场区和运行区。图为张家口冬奥村全景。(图/王子瑞/CNSPHOTO)

第五章 创 想

航拍国家跳台滑雪中心"雪如意"

2021年10月5日,河北省张家口市崇礼区太子城,航拍被誉为"雪如意"的国家跳台滑雪中心比赛场地。图为"雪如意"全景。(图/王子瑞/CNSPHOTO)

第五章 创 想　147

延庆冬奥村

2021年10月6日,航拍延庆冬奥村。延庆冬奥村位于北京市延庆区张山营镇的小海陀山脚下,毗邻国家雪车雪橇中心和山地新闻中心。延庆冬奥村采用了低层、高密度的"山村"式建筑布局。半开放式的建筑庭院依山而建,既展现出北京四合院的文化特色,又不破山形,不夺山景。建筑外立面大量建设"石笼墙",让建筑好似与自然融为一体。图为延庆冬奥村全景。(图/王子瑞/CNSPHOTO)

国家雪车雪橇中心"雪游龙"

2021年10月6日,航拍国家雪车雪橇中心。国家雪车雪橇中心位于延庆赛区西南侧,依托海拔2198米的小海陀山天然山形建设,是冬奥会场馆中设计难度最大、施工难度最大、施工工艺最复杂的新建比赛场馆之一,赛道分为54个制冷单元,全长1975米,垂直落差超过121米,由16个角度、倾斜度都不同的弯道组成。该赛道是国内唯一一条雪车雪橇赛道,也是全球第十七条、亚洲第三条符合奥运竞赛标准的赛道。冬奥会期间,国家雪车雪橇中心将承担雪车、钢架雪车、雪橇3个项目的全部比赛内容,产生10枚金牌。图为"雪游龙"全景。(图/王子瑞/CNSPHOTO)

首场北京冬奥测试赛举行

2021年10月8日,首场北京冬奥测试赛——"相约北京"速度滑冰中国公开赛在国家速滑馆"冰丝带"举行。本次比赛持续3天,设12个小项,有来自中国、韩国、荷兰的运动员参加比赛。图为工作人员在赛前为场地浇冰。(图/富田/CNSPHOTO)

第五章 创 想　151

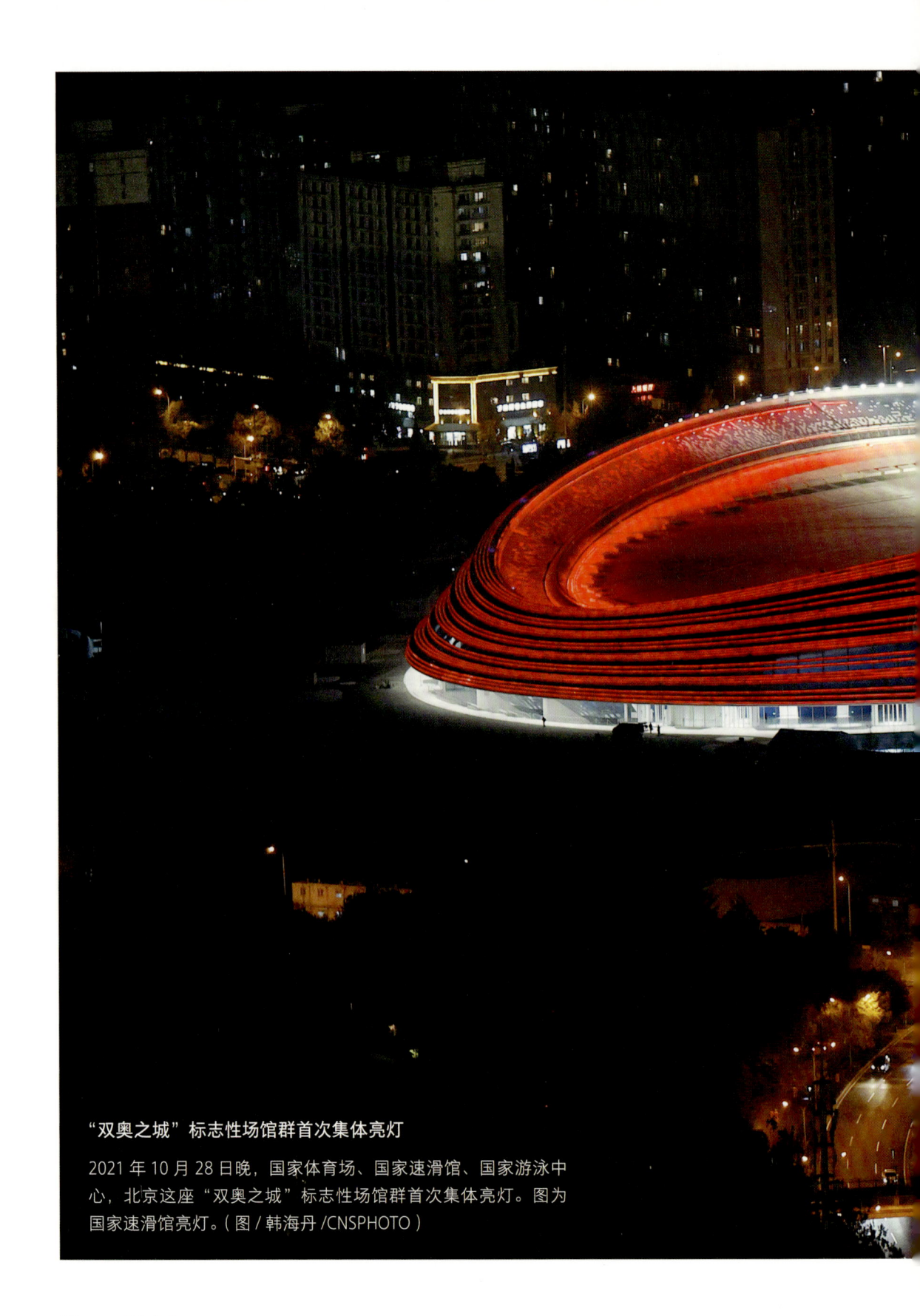

"双奥之城"标志性场馆群首次集体亮灯

2021年10月28日晚,国家体育场、国家速滑馆、国家游泳中心,北京这座"双奥之城"标志性场馆群首次集体亮灯。图为国家速滑馆亮灯。(图/韩海丹/CNSPHOTO)

第五章 创 想　153

北京冬奥会全部场馆实现城市绿色电网全覆盖

2021年12月19日，北京冬奥村光伏发电现场。北京冬奥会场馆建设和能源供应是成功举办奥运会的重要基础和保障，同时也是碳排放控制的重点领域。北京冬奥组委与北京市、河北省政府紧密合作、形成合力，各项措施落实到位，其中全部场馆实现可再生能源利用，所有场馆100%使用绿色电力。图为光伏发电设备。（图／胡庆明／CNSPHOTO）

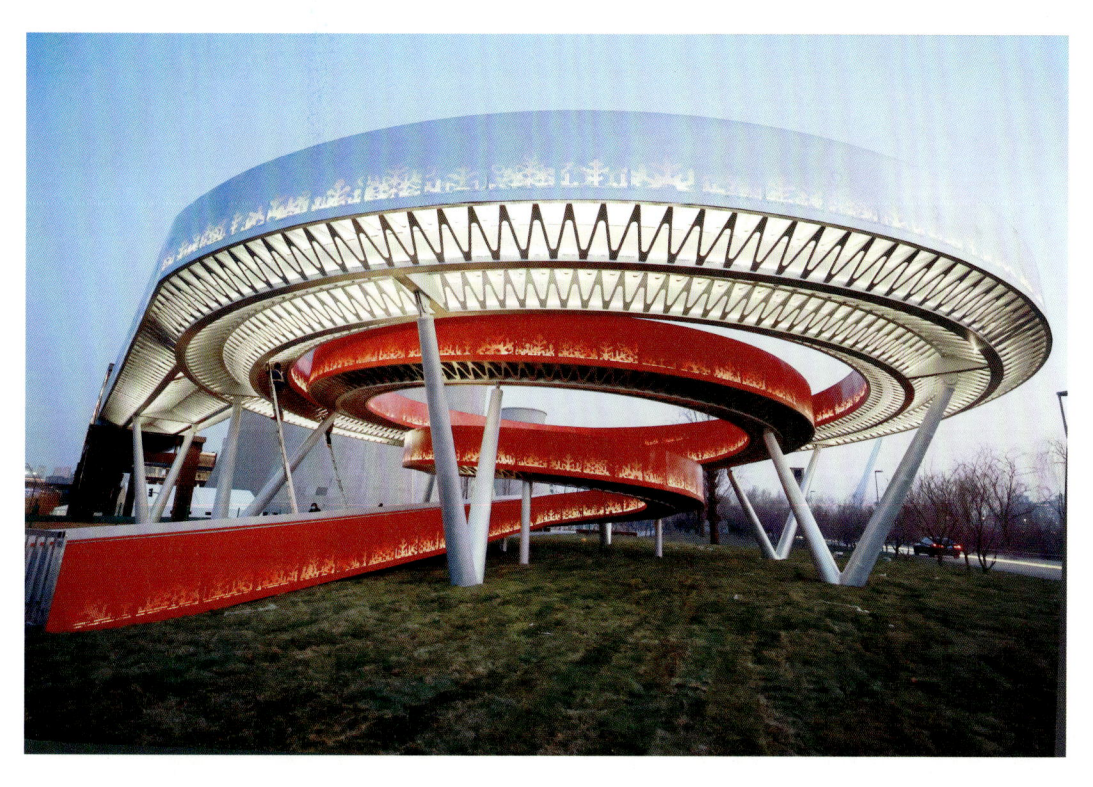

北京冬奥公园标志性景观节点"冬奥之环"亮灯

2021 年 12 月 22 日晚,工人正在北京冬奥公园调试标志性景观"冬奥之环"夜景灯。至此,公园内"冰雪森林""火车乐园"等 30 多个景观节点全部完工亮相,以全新姿态迎接即将到来的北京冬奥会。图为亮灯后的"冬奥之环"。(图 / 陈晓根 /CNSPHOTO)

2021年12月31日晚,在北京首钢园区,滑雪大跳台旁的五环标志与"首钢园"标志在夜色中格外醒目。(图/陈晓根/CNSPHOTO)

首钢的奥运情缘:从钢铁到冰雪的转变

屹立在北京长安街西端的首钢,是中国十大钢铁企业之一,也是北京工业的骄傲。为了适应首都城市功能定位的要求,首钢用10年时间,完成了钢铁产业从北京石景山搬迁到河北省曹妃甸渤海湾"从山到海"的跨越。作为全国首批城市老工业区搬迁改造的试点,以北京冬奥组委入驻为契机,新首钢高端产业综合服务区,加快了转型升级。

2019 年 7 月 31 日，首钢冬奥组委办公楼。北京冬奥组委的办公楼是利用首钢炼铁筒仓、料仓改造而成的。它们保留了标志性工业元素，以新旧材料对比、新旧空间对比，延续了老首钢"素颜值"的工业之美。（图/贾天勇/CNSPHOTO）

2021 年 11 月 11 日，首钢滑雪大跳台。首钢滑雪大跳台承办的是北京 2022 年冬奥会滑雪大跳台比赛项目，赛后作为世界首例永久性保留和使用的滑雪大跳台场馆，化身专业体育比赛和训练场地，并面向公众开放，用于大众休闲健身活动。（图/富田/CNSPHOTO）

第五章 创 想

冬奥会北京颁奖广场

2022年1月7日,北京颁奖广场颁奖仪式舞台。北京颁奖广场位于国家体育场(鸟巢)和国家游泳中心(冰立方)之间。承担北京赛区32个比赛项目的奖牌颁发仪式,与张家口颁奖广场的颁奖仪式交替全球直播。图为工作人员演练中。(图/韩海丹/CNSPHOTO)

第五章 创 想

北京冬夜流淌"奥运之光"

2022年1月10日,夜幕中的北京城成了灯的海洋、光的世界。其中"鸟巢""冰立方""冰丝带"等冬奥场馆,在夜色中流光溢彩,北京这座"双奥之城"正以多彩的面貌迎接冬奥盛事。图为夜色中的冬奥场馆。(图/陈晓根/CNSPHOTO)

第五章 创 想

雄安新区冬奥文化广场

2022年1月11日，雄安新区民众在雄安新区冬奥文化广场拍照留念。北京2022年冬奥会和冬残奥会雄安新区文化广场（简称"雄安新区冬奥文化广场"）总占地面积12.8万平方米，是集游玩、景观、绿化、亮化等功能于一体的开放性广场，其中电子大屏区域主要用于直播北京2022年冬奥会、冬残奥会开闭幕式和各项比赛。（图/韩冰/CNSPHOTO）

北京冬奥会标志建筑"海陀塔"竣工

2022年1月25日,位于延庆赛区的"海陀塔"全面竣工。该建筑在120米塔顶装设巨型奥运五环标志,成为公众临近延庆赛区、经行京张高铁线或京礼高速线时一道亮丽的风景,是北京冬奥会重要标志性建筑之一。(图/贾天勇/CNSPHOTO)

北京冬奥村正式开村

2022年1月27日，北京冬奥村正式开村。冬奥会期间，北京冬奥村预计接待来自44个国家、地区和奥委会的近1700名运动员及随队官员，为他们提供24小时保障服务。图为北京冬奥会旗帜广场。（图/何蓬磊/CNSPHOTO）

第五章 创 想

一起向未来

延庆赛区火炬台流光溢彩

2022年3月9日晚,延庆赛区火炬台"长城之光"在夜色下流光溢彩。延庆赛区火炬台是三大赛区中唯一设立在闭环之外的火炬台。(图/贾天勇/CNSPHOTO)

一　起　向　未　来

——2022，中国的冬奥记忆

Together for a Shared Future

第六章

服务

Thoughtful Services

999与太舞滑雪小镇开展空地一体化冰雪救援演练

2016年11月23日,北京市红十字会999急救中心与太舞旅游度假有限公司在太舞滑雪小镇举行战略合作协议签署仪式,实地举行雪地空地一体化医疗救援演练。(图/韩海丹/CNSPHOTO)

第六章 服 务

新能源电力直供北京冬奥会

2021年6月3日,河北省张家口市宣化区顾家营镇的一处光伏发电场。近年来,张家口市践行"绿色办奥"理念,在加大新能源开发的同时,加速推进智能化输电通道建设。(图/陈晓东/CNSPHOTO)

冬奥之城"寻锚"未来：要"落地生根"，更要"双向桥梁"

2021年9月16日，意大利天冰集团在华子公司——天冰冰雪设备（张家口）有限公司生产的冰雪设备。作为已经服务6届冬奥会的冰雪设备制造商，意大利天冰集团也是此次北京2022年冬奥会唯一指定的冰雪设备制造商。（图／翟羽佳／CNSPHOTO）

"借用"城市基础设施服务冬奥

2021年11月18日,北京国家会议中心二期。奥运会除了赛场上争金夺银,也是世界媒体竞争的"赛场"。作为媒体记者"主赛场"的国家会议中心二期主媒体中心,赛后将回归原有的会展功能。北京冬奥会践行"节俭"办奥的理念,"借用"城市基础设施服务冬奥,赛后继续服务城市民生和发展。(图 / 富田 /CNSPHOTO)

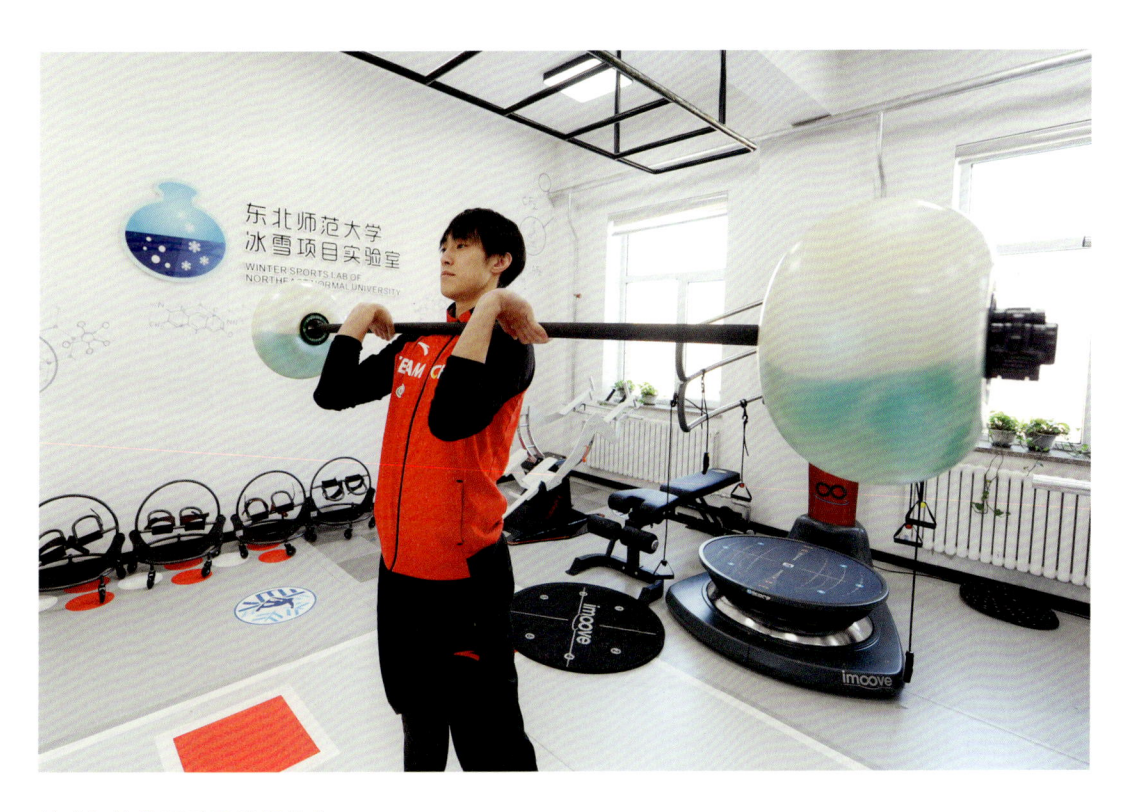

技术加持助运动员赛场争先

2021年11月24日,位于吉林省长春市的东北师范大学冰雪运动科学实验室,拥有6个实验场所,承担着"科学化训练基地关键技术的应用、检验、转化和示范"等3项"科技冬奥"重点研发课题及任务,为冰雪项目的科学化训练提供强有力的科技保障。图为运动员在进行测试。(图/张瑶/CNSPHOTO)

张家口冬奥村（冬残奥村）举行全要素测试

2021年12月21日，张家口冬奥村（冬残奥村）全要素测试正式开始。本次测试旨在查找问题，确保北京2022年冬奥会和冬残奥会赛时场馆运转顺畅。本次全要素测试共有2493人参加，其中受邀参测人员1099人（含10名肢体残疾、视力障碍人士），共组成69个代表团和1个观察团，另有服务保障人员1394人。图为该冬奥村智能运输无人车。（图 / 翟羽佳 /CNSPHOTO）

上海阿姨为北京冬奥会编结颁奖花束

2022年1月4日,在上海杨浦区妇女儿童中心,十几位巧手妈妈工作坊的成员在编结北京冬奥会颁奖花束。此次,北京冬奥会上的颁奖花束采用以非物质文化遗产——海派绒线编结技艺钩编而成的绒线花花束。(图/汤彦俊/CNSPHOTO)

图为奥运版复兴号智能动车组从北京居庸关长城旁驶过。（图／贾天勇/CNSPHOTO）

奥运版复兴号智能动车组在京张高铁上线

2022年1月6日，奥运版复兴号智能动车组在京张高铁上线开行，该车融合高铁5G+4K技术，在车厢内搭建了世界首个高铁5G超高清演播室，可以实现列车运行中的节目现场录制和直播，同时也可实现赛事直播。

图为动车组内部设施。（图 / 孙立君 /CNSPHOTO）

图为商务座车厢内景。（图 / 孙立君 /CNSPHOTO）

第六章 服 务　179

冬奥会通信保障"智慧大脑"正式开启

2022年1月10日,位于北京市首钢园区的中国联通冬奥通信运行指挥中心(TTOC)正式对外启用。北京2022年冬奥会和冬残奥会期间,中心对北京、张家口两地三赛区全部奥运场馆及设施的通信信息网络实行实时统一监控(自动巡检)、统一调度、统一响应和统一服务。图为网络数字运营平台大屏幕显示北京赛区的有关信息。(图/侯宇/CNSPHOTO)

2022 北京新闻中心对外开放

2022 年 2 月 1 日，农历大年初一，位于北京国际饭店会议中心的 2022 北京新闻中心对外开放。新闻中心主要服务于 2022 年北京冬奥会非注册但具有正式记者身份的媒体从业人员，围绕"新闻、科技、服务"三大关键词，提供新闻发布、城市采访、文化展示等各项媒体服务。图为记者在新闻中心内工作。（图 / 杨可佳 / CNSPHOTO）

北京冬奥组委启动赛会志愿者全球招募

2019年12月5日，北京2022年冬奥会和冬残奥会赛会志愿者全球招募启动仪式在北京举办。北京冬奥组委面向全球发布北京2022年冬奥会和冬残奥会赛会志愿者招募公告，计划招募2.7万名冬奥会赛会志愿者、1.2万名冬残奥会赛会志愿者。图为现场的志愿者代表。（图/崔楠/CNSPHOTO）

第六章 服 务

北京奥林匹克公园公共区冬奥志愿者场馆和岗位培训启动

2021年12月1日,北京2022年冬奥会和冬残奥会北京奥林匹克公园公共区志愿者场馆及岗位培训启动仪式暨专题培训在北京举办。当日,北京奥林匹克公园公共区运行团队在北京邮电大学设置了手语、导盲犬、轮椅使用者帮扶、形象礼仪、观众引导应急演练、医疗救护心肺复苏、场馆通信集群使用等7项主题实操演练。图为志愿者参加导盲犬实操演练。(图/韩海丹/CNSPHOTO)

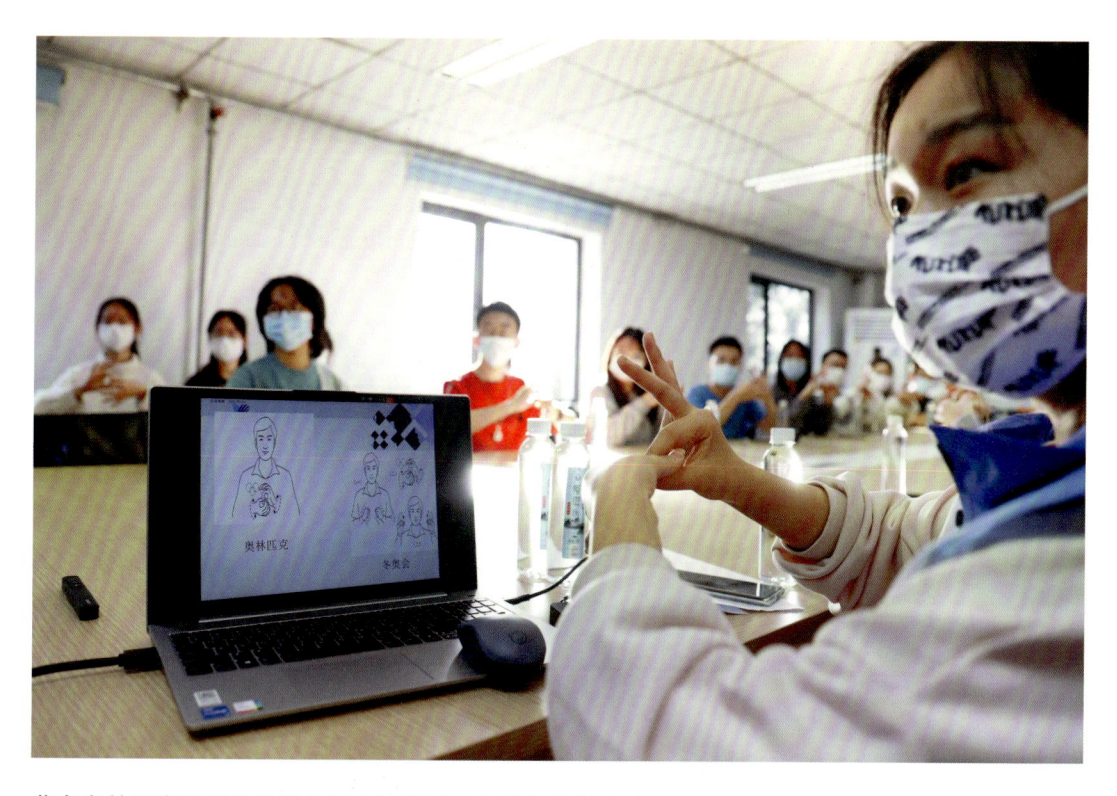

北京奥林匹克公园公共区冬奥志愿者场馆和岗位培训启动

2021年12月1日，北京2022年冬奥会和冬残奥会北京奥林匹克公园公共区志愿者场馆及岗位培训启动仪式暨专题培训在北京举办。当日，北京奥林匹克公园公共区运行团队在北京邮电大学设置了手语、导盲犬、轮椅使用者帮扶、形象礼仪、观众引导应急演练、医疗救护心肺复苏、场馆通信集群使用等7项主题实操演练。图为志愿者参加手语培训。（图/韩海丹/CNSPHOTO）

台青冬奥城市志愿者

2022年1月25日，北京市海淀区紫竹院冬奥城市志愿服务启动仪式在紫竹院公园门前举行。由海淀区青联组织的台湾青年冬奥城市志愿者服务队是当中一抹亮丽的色彩，他们将于2月2日（农历新年正月初二）至6日（初六）在首都体育馆外提供志愿服务。图为台湾青年冬奥城市志愿者宣读志愿者誓词。（图/朱贺/CNSPHOTO）

澳门志愿者首次在北京过年

2022年2月，北京语言大学的澳门学生苏嘉怡参加冬奥会志愿者培训后在"鸟巢"前拍照。她作为北京冬奥会志愿者，首次在京过年。（图/受访者提供/CNSPHOTO）

香港志愿者首次在北京过年

2022年2月，中央美术学院的香港学生林晓雯今年作为北京冬奥会志愿者在"鸟巢"参加北京冬奥会开幕式。她首次在京过年。（图/受访者提供/CNSPHOTO）

第六章 服 务 187

为冬奥会欢呼

2022年1月28日,北京奥林匹克公园,即将走上各自服务岗位的北京冬奥会志愿者们在国家体育馆前的广场上欢呼雀跃,庆祝冬奥会的到来。(图/张正晔)

第六章 服 务

北京冬残奥会志愿者送别运动员

2022年3月13日,志愿者和工作人员手持海报送别运动员与记者。当日,北京2022年冬残奥会残奥高山滑雪男子回转—坐姿决赛在国家高山滑雪中心完赛。(图/杨华峰/CNSPHOTO)

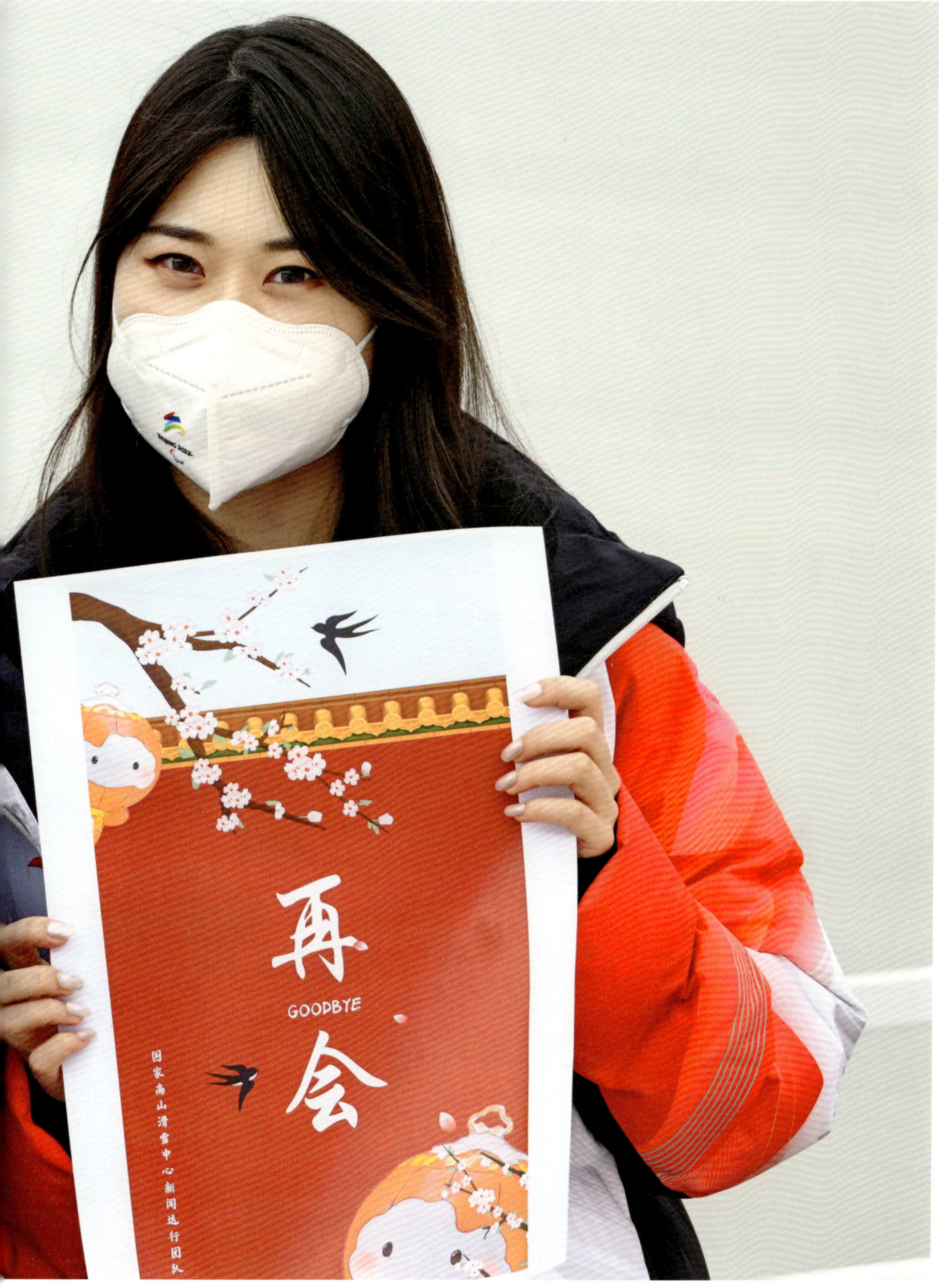
再
GOODBYE
会
国家高山滑雪中心新闻运行团队

一 起 向 未 来

——2022，中国的冬奥记忆

Together for a Shared Future

第七章

响应

—

Warm Responses

民众在长城欢庆北京赢得 2022 年冬季奥运会举办权

2015 年 7 月 31 日，在马来西亚吉隆坡举行的国际奥委会第 128 次全会投票决定，北京成为 2022 年冬奥会和冬残奥会举办城市。图为民众在北京八达岭长城欢庆申冬奥成功。（图 / 韩海丹 /CNSPHOTO）

民众在广场欢庆北京携手张家口申奥成功

2015年7月31日,在大境门前的广场上,张家口民众正庆祝北京申冬奥成功。当日,国际奥委会主席巴赫宣布北京携手张家口获得2022年冬奥会举办权。图为广场顿时变成一片欢乐的海洋,欢呼声、呐喊声瞬间响彻长空。(图/翟羽佳/CNSPHOTO)

北京：小朋友末伏练"冰球"

2021年8月17日，末伏尾声，随着北京2022年冬奥会的临近，冬季运动项目的氛围在北京街头逐渐浓厚。图为小朋友在北京钟鼓楼广场练习旱地冰球。（图／侯宇/CNSPHOTO）

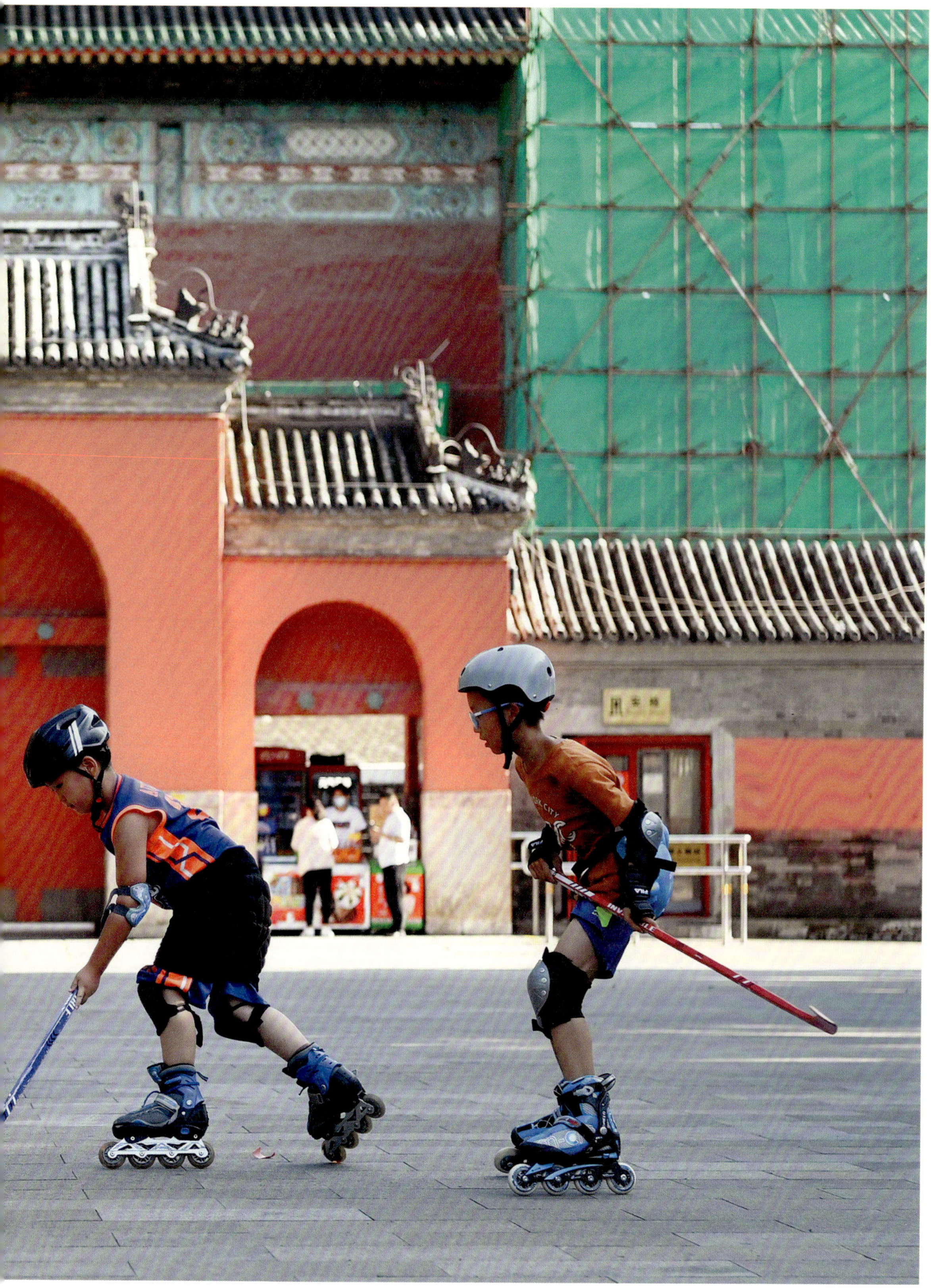

北京冬奥会吉祥物、杭州亚运会吉祥物相聚杭州拱宸桥

2021年10月22日，北京冬奥会吉祥物和杭州亚运会吉祥物在浙江杭州大运河畔的拱宸桥"同框合影"，演绎京杭联动。（图/王刚/CNSPHOTO）

长春大学生创作巨幅"雪地画"为冬奥加油

2021年11月26日,吉林长春,学生们在篮球场制作巨幅"雪地画",为北京冬奥会加油。据悉,该"雪地画"是长春大学旅游学院的29名学生利用积雪创作的,其面积相当于5个篮球场大小。(无人机照片)(图/张瑶/CNSPHOTO)

河北崇礼：民众参与冰雪运动

2021年12月8日，随着北京2022年冬奥会日益临近，越来越多人来到张家口参与冰雪运动。图为在河北省张家口市崇礼区的太舞滑雪小镇，游客享受冰雪运动的乐趣。（图/翟羽佳/CNSPHOTO）

西藏拉萨：民众乐享冰雪运动

2022年2月20日，游客在西藏拉萨市象雄美朵游乐场内的滑雪场体验滑雪。（图/贡嘎来松/CNSPHOTO）

莫斯科华侨华人热盼北京冬奥会"冰雪之约"

当地时间 2022 年 1 月 16 日,莫斯科华侨华人和部分留学生代表,以及莫斯科当地的太极拳运动爱好者,在莫斯科红场附近的扎里亚季耶公园举办庆祝活动,表达对即将来临的北京冬奥会的热切期盼和支持,为冬奥健儿加油助威。(图 / 田冰 /CNSPHOTO)

北京冬奥会开幕民众在倒计时牌前拍照留念

2022年2月4日晚,第二十四届冬季奥林匹克运动会开幕式在北京举行。图为民众在北京王府井大街上的开幕式倒计时牌前拍照留念。
(图/陈晓根/CNSPHOTO)

民众关注北京冬奥会举行开幕式

2022年2月4日晚,第二十四届冬季奥林匹克运动会开幕式在北京国家体育场举行。图为民众关注焰火表演。(图/易海菲/CNSPHOTO)

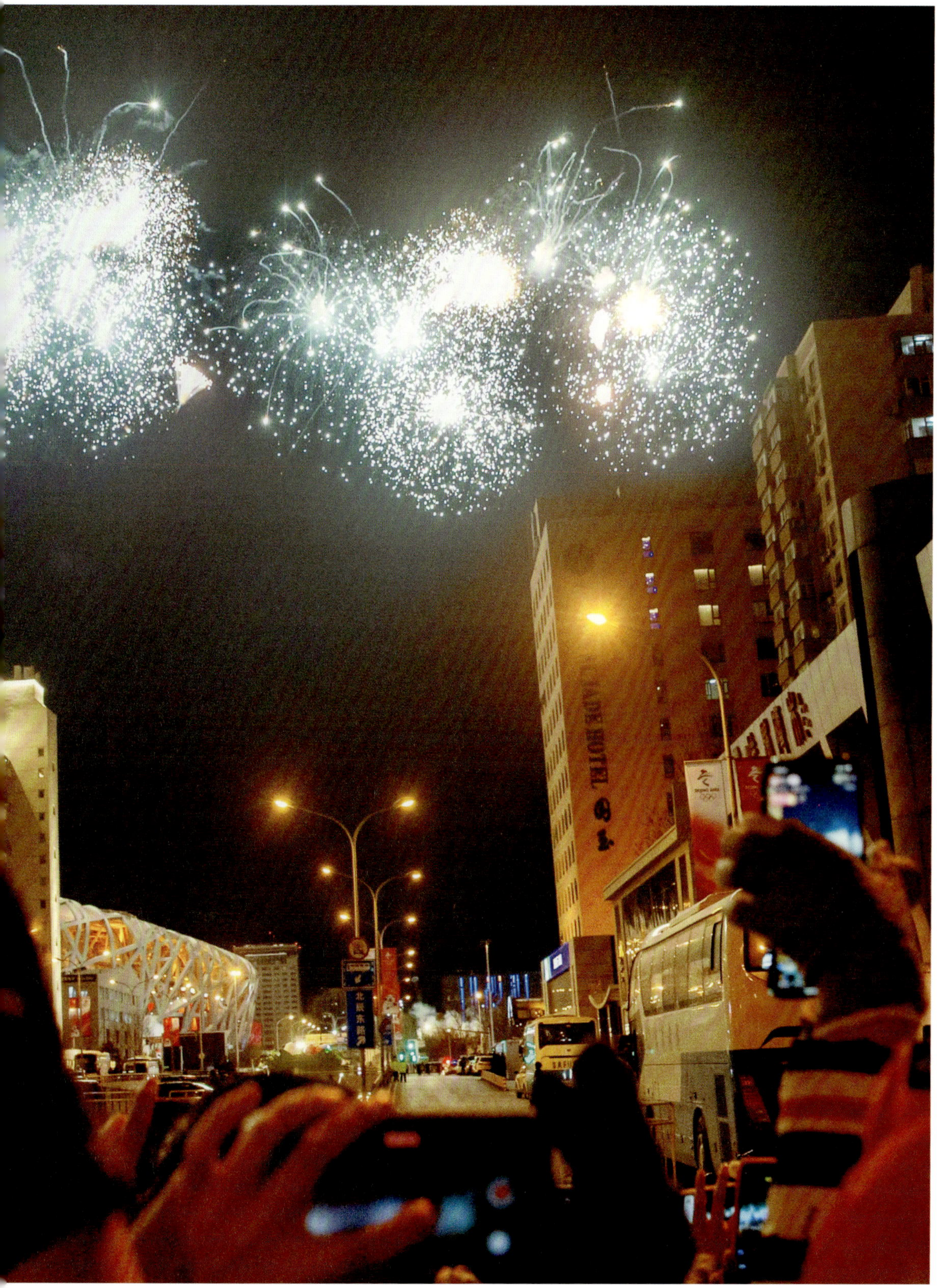

后记

Postscript

2022年的春天，奥林匹克运动写下新的篇章。北京成为世界上首个"双奥之城"，中国奉献了一届"真正无与伦比"的冬奥会和冬残奥会。

冬奥之约，中国之诺。筹办冬奥，是一项系统工程，也是一张国力的综合考卷。犹记2015年，当北京携手张家口赢得2022年冬奥会举办权时，举国欢呼。7年之后，冬奥赛事精彩纷呈，"三亿人参与冰雪运动"成为现实。摄影师们用镜头，以直观、有力、感人的影像记录北京冬奥会竞技场上"精彩、非凡、卓越"的时刻，铭记中国建设冬奥场馆，普及冰雪运动，弘扬奥林匹克精神的不懈努力，见证中国人民踔厉奋发、笃行不怠的精气神。

我们看到冬奥会、冬残奥会开闭幕式一个个环节的匠心巧思：以传统二十四节气倒计时起笔，以天干地支十二时辰收尾；从"冰雪五环"到"微火火炬"，从"折柳寄情"到"光影留声"。

我们看到场馆建设的中国速度与科技创新：从首钢搬迁到京张高铁通车，从"冰立方"到"冰丝带"，从"雪游龙"到"雪如意"。

我们看到民众参与冰雪运动的巨大热情：申奥成功时，在八达岭长城和张家口的民众脸上贴着中国地图和五星红旗在欢呼，长春大学生冒着严寒创作巨幅"雪地画"为冬奥加油，北京街头小朋友末伏练习旱地冰球神情专注。

我们在赛场上看到更多的，则是选手们的热爱。
因为热爱，我们看到徐梦桃、隋文静、韩聪夺冠时流下的泪水。
因为热爱，我们看到谷爱凌、苏翊鸣胜利时刻灿烂的笑容。
因为热爱，我们看到日本选手羽生结弦和奥地利选手本雅明·卡尔的俯地一吻。

我们看到了，开幕式上，各国青年携手展开新画卷。赛场之外，冬奥村各国彩旗飞扬。

一起向未来！

这是 2022 年的中国冬奥记忆。

作为中国新闻社的图片编辑，我很高兴有机会能编辑这本记录北京 2022 年冬奥会和冬残奥会的画册，感谢北京出版集团的信任，感谢《中国摄影家》杂志社社长兼主编阳丽君老师为本书撰写的精彩前言。希望这本画册能不负众望，疏漏之处，也希望读者能多加指正。